En finir
avec le stress

Roland Geisselhart et Christiane Hofmann

En finir
avec le stress

**Vous tirez trop sur la corde ?
Stop !**

Ixelles éditions

Avertissement : les exercices physiques (notamment de yoga) présentés dans cet ouvrage sont simples et sans danger pour les personnes en bonne santé. Le lecteur (la lectrice) reste seul(e) juge de leur utilité dans son cas particulier. Il revient à chacun de respecter les indications correspondantes données dans le texte.

Traduction et adaptation : Hélène Tallon
Directrice de collection : Sophie Descours

"Roland R. Geisselhart, Christiane Hofmann: Stress ade"
Licensed edition by the Rudolf Haufe Verlag, Federal Republic of Germany, Freiburg, 2008
Lizenzausgabe des Rudolf Haufe Verlags, Bundesrepublik Deutschland, Freiburg 2008

Pour l'édition française © 2012 Ixelles Publishing SA
Ixelles éditions est une division d'Ixelles Publishing SA

ISBN 978-2-87515-155-1
D/2012/11.948/156

Dépôt légal : 2ᵉ trimestre 2012

Ixelles Publishing SA
Avenue Molière, 263
B-1050 Bruxelles

E-mail : contact@ixelles-editions.com
Site internet : www.ixelles-editions.com

Sommaire

Introduction

Nous sommes toujours plus nombreux à nous plaindre du stress : les exigences dans le domaine profession-nel sont chaque jour plus grandes. Nous devons être performants dans des délais plus courts et gérer une concurrence grandissante. Quant au temps consacré au repos ou aux loisirs, il se raccourcit voire disparaît. Résultat : épuisement, tension nerveuse, mal-être et dans les pires des cas, troubles physiques.

Ce guide a pour objectif de vous aider : il vous permet-tra de découvrir quels sont vos facteurs de stress, quelle est leur nature et comment vous pouvez les dominer. Nous vous indiquons aussi comment prendre en main à long terme votre quotidien au travail et éprouver du plaisir à l'accomplissement de vos tâches.

Les méthodes de relaxation proposées sont applicables rapidement sans qu'il soit nécessaire d'avoir de l'expérience en la matière. Dix minutes par jour suffisent ! Très vite, vous verrez, vous aborderez les impératifs du quotidien avec plus de calme et de sérénité et vous n'aurez plus cette sensation d'être consumé par votre travail.

ROLAND GEISSELHART,
CHRISTIANE HOFMANN-BURKART

Le stress – un mal presque quotidien

Votre tension est palpable… Seriez-vous amoureux ? Le stress n'est pas toujours néfaste. Apprenez à identifier quel type de stress vous fait avancer et quel autre vous ronge.

Qu'est-ce que le stress ?

Chacun aujourd'hui sait ce qu'est le stress : des écoliers aux employés, en passant par les femmes au foyer, les ouvriers du bâtiment, les vendeuses et les plus grands PDG, nous sommes tous « complètement stressés », « subissons toute la journée un stress insupportable ». Mais qu'est-ce, au fond, que le stress ?

☻ Le stress positif et le stress négatif

Il vous sera certainement facile de définir le stress négatif. Imaginez un lundi, votre bureau croulant sous les dossiers, le téléphone qui ne cesse de sonner, vos collègues qui vous tapent sur les nerfs et votre chef qui voudrait que tout soit réglé pour l'avant-veille… Impossible de prendre votre pause-déjeuner. Et comble de malchance, votre belle-mère vient vous rendre visite, pile au moment où vos chers enfants ont attrapé la varicelle.

Des journées comme celle-ci, nous en avons tous vécu de semblables. Le problème, c'est quand la phase de stress perdure. Dans le pire des cas, c'est l'hypertension, l'ulcère à l'estomac voire l'infarctus qui frappe.

D'un autre côté, subir une certaine pression nous permet souvent de mieux travailler et d'être plus créatifs. Tous nos sens sont en éveil et réceptifs. Ce stress positif n'est pas dangereux ; il est même vital.

Quand stress est synonyme d'« effort », de « réactivité » ou d'« action », c'est sans aucun doute quelque chose d'utile et de positif.
Il est scientifiquement démontré que la rapidité à laquelle on souffre de stress et l'intensité – ou l'absence de cette souffrance – dépendent de l'état d'es-

prit de chacun. Une personne ambitieuse et avide de compétition souffrira beaucoup plus sous la pression et le poids d'une charge qu'une personne aux attentes mesurées.

⊕ Comment gérez-vous les défis ?

C'est la question clé : dans une situation stressante, avez-vous la sensation de subir une pression ou de vous trouver face à un défi qui va vous permettre de prouver ce que vous valez ? Selon votre réponse à cette question, en cas de stress, soit vous tomberez dans de vieux modèles de comportement qui ne vous aideront pas, soit vous réussirez à mobiliser vos ressources intérieures pour progresser sur de nouvelles voies et découvrir des solutions à vos problèmes.

C'est justement dans les situations qui exigent toute votre énergie que vous apprenez le mieux comment faire preuve de flexibilité et développer des stratégies de remplacement. Si vous essayez de venir à bout de nouvelles tâches avec de vieilles stratégies, vous vous heurterez très vite à vos propres limites et vous sentirez épuisé et stressé.

Plus vous vous sentirez capable de relever les défis et de vous acquitter des tâches qui vous sont imposées, plus vous aurez de chances de rester en bonne santé et performant.

Et vous aurez d'autant plus confiance en vos propres capacités que vous ne vous imposerez pas de trop grandes exigences. Les techniques de lutte contre le stress présentées dans cet ouvrage vous soutiendront sur cette voie. Avec leur aide, vous aurez la possibilité de vérifier si ce que vous faites ou briguez est propice ou non à votre calme intérieur, votre santé et votre bien-être.

Si vous souhaitez travailler intensivement avec ce guide, nous vous conseillons de tenir un journal de bord dans lequel vous consignerez vos réponses et résultats. Dès que vous aurez noté un fait important, il vous deviendra possible de vous en saisir et de le comprendre pleinement. Conséquence : vous aurez encore plus de force et de motivation pour poursuivre votre objectif. L'écriture permet de fixer ses pensées. Ce qui est théorique peut alors être appréhendé de manière pratique et être plus facilement modifié.

⬇ Comment naît le stress ?

Un stress occasionnel peut tout à fait avoir un effet stimulant et énergisant. Voyez les activités sportives par exemple. Personne n'oserait affirmer qu'une séance de cardio-training est aussi stressante qu'une matinée de travail éprouvante, durant laquelle le téléphone sonne toutes les cinq minutes ou une nouvelle mission vous est imposée. Une situation est considérée comme stressante dès que l'on se sent dépassé par les événements. Ce qui peut se produire à différents niveaux :

- Vous avez beaucoup à faire et très peu de temps.
- Vous voudriez réussir une tâche particulière à la perfection.
- Un événement inattendu se présente qui perturbe vos plans.
- Vous êtes confronté à une tâche particulièrement difficile.
- On vous interrompt et vous distrait en permanence.
- Vous avez d'autres choses en tête ou êtes préoccupé par des soucis personnels.
- Vous vous sentez faible et dépassé, voire malade.
- Vous devez prendre une décision importante, mais ne disposez pas des informations nécessaires pour le faire.
- Quelqu'un entre brusquement en conflit avec vous.

Les impératifs se multiplient, imposés par les autres ou vous-même ; vous êtes débordé et avez l'impression que ça ne s'arrêtera jamais. Vous finissez par agir en robot et essayez de donner plus que ce dont vous êtes encore capable. Vous en demandez trop à votre corps qui réagit avec des symptômes de stress tels qu'agitation, irritabilité, maux de tête, tremblements, palpitations, voire tachycardie, nervosité, vertiges, anxiété, etc.

Vous pouvez mettre fin à ces réactions. Mais le mieux est de ne pas les laisser se développer au départ. Car personne ne peut résister à une telle tension sur la durée. Notre organisme finit à plus ou moins long terme par envoyer des premiers signaux d'alarme.

Souffrez-vous de stress ?

Chacun a ses propres critères selon lesquels il estime ou non une situation comme étant stressante. Dans un contexte donné, certains vont avoir « la pêche » et s'épanouir à vue d'œil tandis que d'autres seront « complètement stressés ». Il est encore des personnes qui se montrent très sensibles, mais uniquement dans certains domaines dans lesquels elles réagissent exceptionnellement vite en montrant des symptômes physiques de stress. Faites le test suivant pour savoir si oui ou non vous souffrez de stress et dans quelle mesure :

⊙ Test : Quand une situation vous stresse-t-elle ?

Dans les situations suivantes, êtes-vous toujours stressé (3 points), souvent stressé (2 points) ou plutôt rarement stressé (1 point) :

Situation	Points
Vous ratez votre bus, train ou autre.	
Votre supérieur vous fait appeler.	

Situation	Points
On attribue une nouvelle tâche à votre poste de travail.	
Après le travail, vous devez encore aller faire des courses.	
Vous vous disputez avec la personne qui partage votre vie.	
Vous êtes conscient d'avoir de grandes responsabilités au travail.	
Vous avez de graves problèmes financiers.	
Vous pensez que vous ne vous acquittez pas assez bien de votre travail.	
Une lettre du fisc vous attend à la poste.	
Vous avez l'impression que vous êtes sur le point d'avoir la grippe.	
Vous passez en voiture devant une collision qui a fait des dégâts matériels.	
Vous devez vous concentrer sur un travail important et urgent, mais le téléphone sonne.	
Votre téléviseur rend l'âme pile au milieu du journal télévisé du soir.	
Votre compagne (compagnon) vient de perdre son emploi.	
Il est déjà tard et vous devez encore préparer une importante présentation pour le lendemain.	
Vous remarquez que votre travail actuel n'a pas la qualité que vous souhaiteriez.	
Vous avez l'impression d'être en concurrence avec une autre personne.	
Vous devez établir des priorités, mais ne réussissez pas à remettre quoi que ce soit à plus tard.	
Vous vous réveillez la nuit et ne réussissez pas à vous rendormir malgré votre grande fatigue.	

Situation	Points
Votre supérieur vous demande de faire des heures supplémentaires pour gérer un surplus de travail.	
Vous voulez terminer un projet important et qui demande beaucoup de temps, mais refusez de renoncer à vos loisirs.	
Vous vous sentez prisonnier de l'idée que votre entourage se fait de vous et de ses attentes.	
Total des points	

◐ Évaluation des résultats : comment gérez-vous le stress ?

De 22 à 36 points :

Félicitations ! Vous dominez en général votre stress et savez éviter de vous disperser inutilement. Vous sentez d'instinct quand une certaine tension intérieure est bonne et utile pour vous, et quand elle n'en vaut pas la peine car elle n'aurait aucun effet. Continuez de vous offrir des temps de respiration. À partir de la page 30 de ce livre, nous vous donnons des conseils visant à vous faire rester dans ce bon état d'esprit.

De 37 à 51 points :

Votre sentiment de stress est bien marqué. D'un autre côté, vous exigez beaucoup de vous. Veillez à repérer à temps lorsqu'une situation vous dépasse et menace d'être au-dessus de vos forces. Multipliez les pauses et réagissez au plus vite au plus petit signe de stress et de mal-être.

De 52 à 66 points :

Vous êtes très sensible au stress et avez facilement l'impression d'atteindre, voire de dépasser, vos limites. Pour vous, l'important est que vous compreniez que vous faites de votre mieux pour vous acquitter des tâches qui vous sont confiées : avec la meilleure volonté du monde, vous ne pourriez pas faire plus sans vous ruiner la santé et perdre toute joie de vivre. Si vous souhaitez rester performant ou le redevenir, la meilleure solution consiste à ne pas vous mettre vous-même en permanence sous pression pour :

1. tout faire ;
2. toujours ;
3. à la perfection.

Afin que vous y parveniez, nous vous donnerons plus tard d'autres conseils concrets.

☯ Le sentiment de stress est très subjectif

Peut-être avez-vous remarqué que pour certaines situations, vous hésitiez sur le nombre de points. Peut-être même que vous auriez répondu différemment à telle ou telle question, si vous l'aviez relue quelques jours plus tard.

L'évaluation du stress d'une situation dépend de très nombreux facteurs. Rien que l'état dans lequel on se trouve et qui change quotidiennement joue un rôle : si vous avez mal dormi, vous serez plus rapidement irritable qu'après dix heures d'un sommeil nocturne profond et réparateur.

Et si vous êtes déjà stressé, une broutille, qui normalement ne vous préoccuperait pas, peut être cause d'inquiétude et de nervosité.

Quand le stress est-il sain ?

Une tension mesurée est nécessaire et saine. En cas de danger, par exemple, il est déterminant que le corps réagisse et qu'il le fasse rapidement, en sécrétant une grande quantité d'adrénaline pour garantir la capacité de réaction dont on a besoin dans ce type de situation.

◐ Le stress nous aide à réagir rapidement

Imaginez que vous êtes en voiture et sur le point d'avoir un accident : effrayé, vous appuyez d'instinct très vite sur votre frein : il n'y a plus de danger, grâce à la réaction de stress de votre corps, vous avez évité le pire.

Même dans des situations moins dangereuses, il est souvent utile de pouvoir compter sur une certaine tension et une certaine capacité de réaction pour pouvoir assimiler puis exploiter rapidement des informations vitales, par exemple :

- Lorsqu'on passe un examen.
- Lors d'une conversation importante avec ses collègues ou ses supérieurs.
- Pendant que l'on conduit.
- Lors de discussions ou de négociations avec des clients.
- Dans ses relations avec des prestataires de services et les autorités administratives.
- Ou bien quand des questions ou des faits d'ordre financier sont en jeu.

Même dans des situations que vous ne qualifieriez pas de « stressantes », le corps réagit avec la même tension que dans les exemples cités ci-dessus. Vous ne vous en rendez pas compte parce que les signes externes vous en sont plutôt agréables et qu'au départ, vous ne vous sentez pas dépassé.

☯ Quand stress égale bonheur

Rappelez-vous une situation particulièrement agréable que vous avez vécue au bureau : une promotion, un éloge ou simplement une conversation plaisante avec votre supérieur – ou souvenez-vous de la dernière fois que vous êtes tombé amoureux.

Dans de tels instants, votre esprit est parfaitement éveillé et présent ; en même temps, votre pouls s'accélère, vous sentez parfois battre votre cœur puissamment, vos mains sont moites et vos genoux tremblent : ce sont les mêmes symptômes qu'en cas de « véritable » stress. Mais là, ces symptômes sont sains pour votre organisme et vous aident à vivre pleinement et en toute conscience la situation.

La plupart du temps, vous ne ressentez de stress que lorsque :
• Vous jugez une situation extérieure stressante.
• Que la tension perdure.
• Et qu'au bout d'un moment, vous vous sentez dépassé.

À ce moment-là, on réussit rarement à s'interrompre pour reprendre le fil de l'action à la vitesse inférieure. En général, c'est le contraire qui a lieu : on investit encore plus d'énergie pour venir le plus vite possible à bout de la situation et on s'enfonce dans un cercle vicieux, où pour lutter contre le stress, on se stresse encore plus.

Pourquoi est-il si important de se détendre ?

Dans le monde actuel du travail, on ne souligne jamais assez l'importance de la relaxation. Pourtant, il faut régulièrement se déconnecter du quotidien, de quelque manière que ce soit ; c'est la contrepartie nécessaire face aux nombreux facteurs de stress qui nous agressent chaque jour.

⊙ Trouver son équilibre naturel

Il est donc déterminant, pour votre santé physique et mentale, que vous trouviez un équilibre naturel entre le « vrai » stress négatif et le stress « sain », de même qu'entre les moments d'effort de tout type et ceux de relaxation totale.

Dans la nature, cette bipolarité apparaît à de nombreuses reprises : l'été s'oppose à l'hiver, le jour à la nuit, la veille au sommeil, pour ne donner que quelques exemples.

Chaque élément du couple conditionne l'existence de l'autre. Et il en est de même pour la tension et la détente : l'une ne peut exister sans l'autre.

Si vous ne vivez qu'en état de stress, votre corps finira un jour par ne plus tenir le coup. Conséquence possible : un infarctus ou un AVC. À l'opposé, vous ne pouvez pas être en permanence détendu, sinon votre organisme perdrait son énergie naturelle et sa vitalité. Il est donc déterminant de trouver le juste milieu.

☯ Que faites-vous contre le stress ?

Comment vous comportez-vous quand vous vous sentez stressé ? L'une ou l'autre des options suivantes vous dit-elle quelque chose ?

- Vous travaillez un peu plus vite pour gagner du temps ou parer aux contraintes temporelles.
- Vous vous plaignez auprès de la personne qui partage votre vie ou un(e) ami(e).
- Vous vous offrez quelque chose de particulièrement bon à manger pour vous motiver ou vous récompenser.
- Vous commencez par vous allumer tranquillement une cigarette.
- Vous essayez de ne pas laisser paraître votre nervosité.
- Vous prenez un tranquillisant.

Toutes ces solutions, naturellement, ne sont valables qu'à court terme, si tant est qu'elles soient vraiment des solutions. Dès le prochain stress, elles ne seront plus efficaces ou auront besoin d'être mises en œuvre dans de plus grandes proportions.

Ce qu'il faut, c'est une stratégie efficace à long terme qui vous aide à diminuer votre stress de manière durable.

☻ Exercice : comment réagissez-vous au stress ?

Réfléchissez à quelques faits qui, chez vous, déclenchent facilement un stress. Comment vous comportez-vous à ce moment-là ? Notez quatre à cinq réactions qui vous sont typiques. Vous aurez besoin de cette liste pour établir votre stratégie antistress personnelle.

La stratégie antistress

Si vous souffrez beaucoup du stress, le mieux est que vous développiez une stratégie antistress personnalisée. Il s'agit de mettre au jour les facteurs de stress qui agissent sur vous et de les éliminer progressivement.

Au premier regard, il est facile de différencier deux types de stresseurs :

- Les stresseurs externes tels qu'un délai, des consignes données au travail, un contexte financier préoccupant, etc.
- Les stresseurs internes comme un sentiment (exagéré) de responsabilité, la peur de la défaillance ou de la perte, la sensation d'être en concurrence, etc.

☻ Différencier les stresseurs externes et internes

Les facteurs de stress externes sont en principe plus faciles à reconnaître. En investissant suffisamment de temps et d'énergie, vous saurez les prévenir. « L'automanagement optimisé » vous y aidera. Mais nous en reparlerons plus en détail en troisième partie d'ouvrage.

Il est plus difficile de découvrir ses stresseurs internes ; car il est toujours beaucoup plus simple d'accuser les autres : chacun préfère blâmer son chef, son ou sa partenaire, ses enfants, ses employés, le conducteur du bus, la femme de ménage... du stress qu'il ressent, plutôt que de devoir admettre qu'il se met lui-même sous pression par perfectionnisme. Là, la solution ne saurait être simplement de changer d'organisation, de déléguer ou de reporter une tâche, puisque ce sont, en général, des sentiments personnels diffus qui provoquent la sensation de stress et de surmenage.

Pour autant, il n'est pas impossible de lutter efficacement contre de tels facteurs de stress. Des séances régulières de relaxation consciente et un recentrage sur vos propres valeurs vous permettront rapidement de diminuer votre tension intérieure et de vous sentir mieux et plus performant.

◑ Mettre au point sa stratégie personnelle en quatre étapes

Chacun peut et doit finir par trouver sa propre stratégie. Il n'existe pas d'indications qui soient valables pour tous. C'est la raison pour laquelle vous devez d'abord avoir une idée précise de vos facteurs de stress personnels.

⊜ Exercice : observez-vous

Observez-vous au cours des jours et des semaines à venir et notez autant de situations possibles dans lesquelles vous vous sentez tendu ou stressé.

Essayez de découvrir des points communs à ces différentes situations. Lesquelles constituent des facteurs de stress externes ? Et des facteurs de stress internes ?

Au bout d'un certain temps, votre profil personnel va se dessiner. Il vous permettra de reconnaître de plus en plus rapidement les conditions qui déclenchent le stress en vous et d'agir contre elles.

Voici comment développer votre stratégie antistress personnelle :

1. Observez-vous pendant une période et découvrez quels sont vos propres facteurs de stress.
2. Différenciez les facteurs de stress externes, concrets, des facteurs internes plutôt abstraits.
3. Réduisez les stresseurs externes grâce à une meilleure organisation.
4. Amoindrissez vos stresseurs internes grâce à des séances régulières de relaxation active.

En même temps, vous pouvez commencer à faire quelque chose pour votre bien-être. Dans les chapitres suivants, nous vous exposons comment combattre le stress et vous détendre des façons les plus diverses. Car pour vaincre le stress, il est déterminant de bien choisir la manière dont on va l'aborder. Une tension extrême ne va pas obligatoirement vous rendre malade : un mauvais état d'esprit mettra beaucoup plus en danger votre santé physique et mentale.

Vous réjouissez-vous ou non de nouveaux problèmes à résoudre dans de nouveaux domaines ? Définissez-vous ou non votre succès uniquement en fonction de la reconnaissance des autres ? Concevez-vous votre destin comme le résultat de la volonté divine ou de votre propre mission ? Les réponses à ces questions sont autant d'éléments qui jouent un rôle dans votre lutte contre le stress.

> **Quel que soit votre état d'esprit face au stress : il est modifiable, vous pouvez en changer !**

◉ Les médicaments aident-ils ?

Souvent, il semble que cela apporte un soulagement rapide, en cas de grand stress, de se faire prescrire des tranquillisants par son médecin. Vous achetez vos médicaments en pharmacie et glissez immédiatement votre solution miracle dans votre poche de pantalon pour l'avoir à portée de main à tout instant. Lorsque quelque chose vous stresse trop, que vous vous énervez ou ne savez plus quoi faire : un comprimé vite avalé et tout rentre dans l'ordre !

Mais est-ce vraiment le cas ? En général, non. Certes, dans certaines situations peu nombreuses, le traitement médicamenteux est parfaitement judicieux et adapté, par exemple en cas de crise aiguë lorsque aucune autre solution n'est possible. Sinon ce recours doit rester exceptionnel.

Car les tranquillisants présentent en général plus d'inconvénients que d'avantages :
- Les médicaments n'agissent souvent que peu de temps : la prochaine fois que vous vous retrouverez dans une situation similaire, vous serez de nouveau tout aussi tendu et désemparé.
- Le confort du recours rapide à la boîte de comprimés vous empêche de réfléchir à une solution ou une stratégie efficace à moyen terme.
- Vous perdez le contrôle de votre bien-être.
- Les tranquillisants réduisent vigilance et réflexes tant et si bien que vous êtes limité physiquement.
- Avec le temps, vous vous accoutumez au médicament, lequel agit moins bien. Vous aurez besoin de

quelque chose de plus fort et entrerez petit à petit dans le cercle vicieux de la dépendance.

Il est bien plus efficace de rechercher une méthode qui marche à moyen ou à long terme, grâce à laquelle vous réussirez – seul, et à chaque fois – à repousser le stress et à vous montrer intérieurement à la hauteur des défis qui se présentent à vous.

◑ Devenir plus serein

La sérénité améliore la qualité de vie de manière décisive et les personnes sereines sont en meilleure santé. Elles se font moins de soucis, ruminent moins et sont globalement plus satisfaites de leur vie. Au bout du compte, elles sont plus heureuses.

◑ Qu'est-ce que la sérénité ?

- La sérénité désigne la paix et l'équilibre intérieurs. Elle nous permet d'aborder les autres et les situations avec pondération, de manière appropriée.
- La sérénité n'est pas innée, elle peut s'apprendre quelle que soit la personnalité.
- Une sérénité défaillante peut être causée par une violation de l'intégrité personnelle ou un comportement abusif. Mais c'est le plus souvent une attitude personnelle qui consiste à dépendre entièrement des autres ou des circonstances qui en est l'origine.

Mesures d'urgence contre le stress

Avez-vous déjà recouvré votre calme intérieur grâce à des bonbons, sans absorber la moindre calorie ? Voici des techniques efficaces pour venir à bout de votre colère, de vos troubles d'endormissement ou de tout autre symptôme de stress.

En forme en dix minutes

Plus on vous presse d'agir et plus il est important que vous preniez régulièrement un peu de temps pour reprendre des forces. Au premier abord, cela peut sembler contradictoire, mais si vous y réfléchissez bien, c'est plutôt judicieux. En effet, plus vous avez le sentiment que le temps vous échappe parce qu'on vous en demande trop, et plus cela vous fera du bien de constater que vous avez encore le pouvoir de décider seul de vos priorités. Même si ce n'est que dix minutes par jour.

Il est scientifiquement prouvé que dix minutes de pause peuvent apporter le même repos qu'une heure de sieste, à condition que cette pause soit conçue de la bonne manière.

⊕ Investir du temps pour en gagner

Il faut que vous vous octroyiez régulièrement dix minutes pendant lesquelles vous vous déconnecterez consciemment du reste du monde. De nombreuses possibilités s'offrent à vous pour ce faire. Vous pouvez avoir recours à une méthode de relaxation que vous avez apprise et pratiquée avec assiduité (cf. « Pour votre bien-être, des techniques de relaxation à long terme ») ; ou bien vous pouvez vous aider de petites mesures d'urgence telles celles décrites ci-après dans ce chapitre. L'essentiel, c'est que vous le fassiez régulièrement.

Si vous voulez lutter sérieusement contre votre stress, et c'est ce que nous supposons, le mieux serait que vous commenciez le plus tôt possible.

⊙ Exercice : prendre du temps pour soi

Prenez donc aujourd'hui même dix minutes, rien que pour vous, et faites quelque chose qui vous fait du bien de sorte à vous sentir mieux et plus détendu ensuite. Notez dans votre journal de bord ce que vous avez fait.

Les jours suivants, insérez régulièrement une petite pause semblable et inscrivez à chaque fois ce que vous faites pour vous détendre.

Il est important que vous vous offriez ces pauses de bon cœur et que vous ne soyez pas intérieurement en désaccord avec vous-même. Certes, à la place, vous auriez pu régler tel problème ou commencer telle tâche, mais si vous prenez brièvement vos distances – sans avoir mauvaise conscience ! –, vous reprendrez votre travail avec une énergie renouvelée et d'autant plus d'efficacité.

Au cas où vous auriez peur que ces pauses ne s'éternisent et de perdre trop de temps, essayez les astuces suivantes :

- Réglez un minuteur sur dix à douze minutes.
- Si vous écoutez la radio, utilisez par exemple la pause publicitaire précédant le journal pour vous relaxer, puis reprenez conscience de la réalité en écoutant les nouvelles.
- Le plus agréable, c'est de choisir un morceau de musique qui soit à peu près de la longueur de la pause souhaitée et de l'écouter.

L'avantage de cette dernière option, c'est que le subconscient s'habitue à la musique choisie et la relie progressivement à un sentiment de détente, ce qui intensifie automatiquement l'effet de la pause.

Votre organisme profitera d'autant mieux de cette petite interruption si elle a lieu au milieu de votre journée de travail. Il vous en sera plus reconnaissant que si vous lui demandez de tenir toute la journée et quittez le travail une demi-heure plus tôt.

⊙ Le bon équilibre

Beaucoup de choses dans la vie reposent sur une dualité : le jour et la nuit, la théorie et la pratique, l'hiver et l'été, le flux et le reflux, l'homme et la femme. Chacun de ces couples constitue un équilibre, aucun des deux éléments constitutifs ne pouvant exister l'un sans l'autre.

Il en va de même entre les deux pôles que sont la vie professionnelle et la vie privée, le travail et les loisirs, la tension (le stress) et la relaxation. Là aussi un équilibre est nécessaire. Nous ne pouvons vivre en permanence dans le stress. Notre organisme n'est pas armé pour. Dès que l'équilibre est rompu, nous nous sentons mal ou tombons malades. De la même manière, personne ne peut demeurer en permanence dans un état de relaxation totale (hormis un yogi peut-être ou un illuminé…).

Il nous manquerait la stimulation et la vitalité nécessaires pour être actif. Le juste milieu consiste donc à trouver le bon équilibre en oscillant d'un pôle à l'autre de manière consciente et réfléchie.

⟳ **Exercice : vous détendez-vous souvent ?**

Dessinez un tableau avec une colonne « Travail » et une colonne « Vie privée » et inscrivez-y ce que vous devez faire lors d'une journée normale/semaine normale et combien de temps vous investissez pour le réaliser.

Vous pouvez aussi vous observer pendant une semaine et noter tous les soirs ce que vous avez fait de votre journée. Inscrivez combien de temps exactement vous avez consacré aux activités qui vous permettent de récupérer ou de vous détendre.

Vous constaterez sans doute que les situations qui vous détendent n'occupent qu'une très mince partie de votre emploi du temps. Et dans ce cas, il faut que vous fassiez très vite quelque chose pour votre bien-être.

⬇ **Repérez les signaux d'alarme**

Si vous souffrez de stress depuis longtemps et ne retrouvez plus votre équilibre intérieur ou ne parvenez pas à l'établir, votre organisme finira par être complètement dépassé. De nombreuses personnes restent aveugles et sourdes aux premiers signaux d'alarme : nervosité, troubles du sommeil ou digestifs montrent qu'il y a un déséquilibre entre les efforts fournis et les temps de repos que vous vous octroyez.

Vous pouvez continuer de vivre ainsi et garder vos symptômes sous contrôle avec des médicaments quelconques.

Mais dans ce cas, vous vous bercez d'illusions, car vous ne restaurez pas, ce faisant, l'équilibre entre temps d'effort et de repos. Or c'est justement ce qu'il vous faudrait faire.

Il est probable que les propositions et les exercices du chapitre suivant ne vous plaisent pas toutes. Loin de là. C'est normal. Il appartient à chacun de trouver sa manière d'éviter et de dissiper les tensions. Telle ou telle méthode vous conviendra ainsi parfaitement tandis que vous ne saisirez pas l'intérêt de l'autre.

Expérimentez un peu, essayez ce qui vous tente et composez progressivement votre propre répertoire de méthodes de relaxation. Vous ne réussirez à intégrer dans votre quotidien que celles qui vous plaisent réellement.

Si vous parvenez à consacrer dix minutes par jour à votre bien-être intérieur et au maintien de votre capacité de travail, vous verrez qu'en fin de compte, cela vous fait gagner du temps. Vous serez plus vif, plus résistant mentalement et dans l'ensemble plus serein. La pratique régulière de la relaxation consciente peut faire des miracles. L'essentiel est de s'y mettre et si possible dès aujourd'hui !

S'armer physiquement pour résister

Certes, se montrer plein d'égards pour son propre corps et respecter ses besoins personnels ne peut pas éliminer complètement le stress, en particulier si ce stress est d'origine extérieure.

Mais les tensions et les troubles qui en découlent n'augmenteront pas de façon excessive. Vous octroyer le temps de sommeil qui vous est nécessaire, vous nourrir plus ou moins sainement et faire un peu de sport de temps à autre, c'est donner les moyens à votre organisme de ne pas flancher immédiatement dès qu'il est plus sollicité, même brièvement.

Bien dormir pour être en forme !

La façon la plus simple de se détendre est de dormir. Si vous avez dormi tout votre soûl et que vous vous levez bien reposé, vous avez toutes les chances de vous acquitter de vos tâches quotidiennes sans stress.

Un sommeil sain et régulier renforce le système immunitaire et protège contre les maladies tant et si bien que le stress quotidien semble moins pénible. Si au contraire, vous entamez vos journées, la mine défaite et épuisé, la moindre broutille vous paraîtra une montagne presque insurmontable.

⊙ Exercice : quelles sont vos habitudes de sommeil ?

Pendant une semaine, notez combien de temps vous dormez effectivement. Consignez vos horaires de sommeil et précisez à chaque fois si vous avez bien dormi et vous sentez en forme.

Si vous souhaitez sortir rapidement et efficacement d'une phase de stress aiguë, votre première démarche peut consister à prendre tout de suite le temps de dormir plus et à aller vous coucher le soir une demi-heure à une heure plus tôt.
Offrez-vous ce luxe, même si des tâches importantes vous attendent. Votre corps vous en remerciera : le lendemain, vous aborderez votre travail l'esprit frais et dispos.

Si jamais vous ne réussissez pas à vous endormir immédiatement, veillez à ne pas ruminer au sujet de votre travail ou de n'importe quel autre problème. Lisez un livre captivant ou écoutez de la bonne musique. L'essentiel est de vous allonger dans votre lit et de vous déconnecter réellement du travail.

Un conseil supplémentaire pour vous endormir détendu, en oubliant vos soucis : la télévision n'aide pas à se détendre consciemment au calme. La plupart du temps, en effet, le spectateur se laisse abreuver de sons et d'images, mais n'enregistre rien et ne tire aucun bénéfice du spectacle offert. Les programmes de divertissement proposés le soir ne sont souvent ni relaxants ni enrichissants. Sans compter les nombreux spots publicitaires qui vous submergent de stimuli.

⊛ Bouger, c'est vital

Ce qui est valable pour le sommeil l'est aussi pour l'activité physique : une pratique régulière dans ce domaine permet de diminuer nettement le stress. Soyez honnête : faites-vous du sport ? Régulièrement ? Volontiers ?

Il existe de multiples possibilités pour pratiquer une activité physique : dans un club, un gymnase, une école ou tout seul.
Il existe forcément un sport adapté à vos goûts, votre budget et vos disponibilités ; si c'est important à vos yeux, vous le trouverez.

Se maintenir en forme grâce à une activité physique apporte – il est inutile de le rappeler – de nombreux avantages dans le domaine de la santé. Mieux : vous êtes-vous déjà rendu compte que, lorsque vous faites du sport, vous cessez brusquement de penser à votre travail ou à votre stress ? Votre esprit fait en quelque sorte une pause pendant laquelle il refuse de se concentrer sur les efforts à fournir et les soucis du quotidien, parce qu'il ne peut s'occuper que d'une chose à la fois. Essayez, par exemple, de penser avec précision à deux thèmes différents au même instant : c'est impossible ! Vous ne pouvez au mieux que passer rapidement d'un sujet à l'autre.

Quand vous faites du sport, votre esprit est occupé à coordonner vos mouvements. Vous suivez les instructions d'un professeur, comptez en pensée les répétitions d'enchaînements ou vous concentrez sur le déroulement d'un match. Votre esprit n'est donc plus disponible pour se faire des soucis ou réfléchir à quelque chose de stressant.

⊙ Mieux vaut aller se promener que boire un café de plus

Le mot « sport », ici, ne signifie pas forcément sport de compétition ou sport d'équipe. Faire régulièrement une marche rapide d'une demi-heure suffit. Tant que votre corps est en mouvement, il est impossible à votre esprit de rouiller ou de se focaliser sur un problème. La vitalité physique entraîne même souvent une remise en cause de processus de pensées enlisés. Qui plus est, l'apport supplémentaire en oxygène dû à l'activité sportive a un effet énergisant sur les cellules cérébrales.

Quand vous vous sentez épuisé et à bout, essayez les astuces suivantes pour vous stimuler :

- Après le déjeuner, faites une petite promenade, si possible d'un pas rapide, au lieu de boire un café de plus dans l'atmosphère viciée de la cantine.
- Si vous êtes en colère et n'avez plus les idées claires, faites un bref jogging de dix à quinze minutes.
- Dansez pendant dix à quinze minutes sur de la musique rapide.
- Sautez à la corde pendant dix minutes.

Vous constaterez rapidement que vous êtes bien mieux dans votre peau : votre corps vous semblera plus fort, ce qui rétablira l'équilibre corps/esprit. Tous les efforts mentaux que vous avez à fournir vous sembleront moins pesants. Votre stress diminuera !

⚓ Conseils en matière d'alimentation

Tout d'abord, une précision : il n'existe pas de formule magique. Cela dit, tant que vous vous nourrirez sainement et apporterez à votre corps les vitamines et substances nutritives dont il a besoin pour fonctionner de manière optimale, le stress n'agira pas aussi vite sur votre santé.

Les nutritionnistes recommandent en principe de manger plus souvent et en moindre quantité pendant les périodes de stress. Quand une personne est tendue, soit elle n'a aucun appétit et perd progressivement ses forces, soit elle a brusquement un appétit dévorant qui l'amène à avaler n'importe quoi et le plus souvent de la nourriture malsaine de fast-food. Vous pouvez vous prémunir contre ces deux dangers à l'aide de petits encas. En mangeant de petites portions de nourriture tout au long de la journée, vous recouvrerez régulièrement vos forces et vous perdrez la sensation de faim ; vous aurez donc moins de risques d'être pris d'envies soudaines.

Voici une sélection de substances nutritives importantes qui aident l'organisme à mieux supporter le stress :

- Le potassium favorise la régulation de la fonction nerveuse ; on en trouve, entre autres, dans les oranges, les abricots, les céréales, les noix, les légumes, la volaille, le lait et le fromage.
- Les vitamines B permettent une meilleure résistance physique face à l'anxiété, les sautes d'humeur et l'irascibilité ; il y en a dans le poisson, les avocats et les pommes de terre.
- La vitamine B1 (thiamine) a un effet antidépresseur ; le riz, les haricots, les graines de tournesol et les céréales en contiennent.
- Le magnésium aide, de manière générale, le corps à se protéger des tensions ; il se trouve dans les artichauts, les bettes, les épinards, les germes de blé, les graines de soja, les bananes et les cacahuètes.

N'oubliez pas également de boire régulièrement. Les nutritionnistes recommandent d'absorber au moins deux litres de boisson par jour, surtout de l'eau et des jus de fruits. Ceux-ci stimulent le métabolisme et favorisent le bon déroulement des processus organiques (et souvent aussi psychiques).

Exploiter ses capacités d'analyse et sa créativité

Pour faire face à une période de stress, vous avez besoin de toute votre énergie. Mais dans une telle situation, votre organisme a tendance à utiliser automatiquement une seule moitié de votre cerveau, à savoir l'hémisphère gauche.

Or cette moitié du cerveau suit de préférence des processus figés : elle aime travailler de manière linéaire, c'est-à-dire pas à pas et en collant au principe de cause à effet. C'est elle qui compte, lit, parle et analyse.

L'hémisphère droit, en revanche, est le siège de l'imagination, de la créativité, des images, des sentiments et des intuitions. Beaucoup d'entre nous ont malheureusement oublié comment exploiter cette moitié de leur cerveau de manière optimale, alors que c'est seulement quand les deux hémisphères cérébraux agissent ensemble que nous pouvons profiter de l'ensemble de nos capacités. À ce moment-là, et à ce moment-là seulement, nous avons la possibilité de détruire les sources de stress à la racine et non uniquement de les analyser en surface, puis de les endurer.

⊙ Changer votre manière de penser

Il est recommandé, si l'on souhaite soulager tensions et stress, de faire en sorte que les deux hémisphères de son cerveau fonctionnent de nouveau de façon équilibrée. Voici quelques suggestions pour y parvenir.

◉ Exercice : un jour parfait

Prenez dix minutes et imaginez que vous pouvez organiser la journée du lendemain comme bon vous semble. Vous n'avez à vous soucier de rien ni de personne. Le temps, l'argent, le travail, etc., tout ce qui conditionne vos actes en temps normal ne compte plus. Vous seul avez de l'importance. Que souhaiteriez-vous faire ? Notez tout ce qui vous vient à l'esprit !

Changez de manière de penser et laissez pousser des ailes à votre imagination. Réfléchissez à tous les beaux projets hors du commun, parfois absurdes ou fous que vous avez pu avoir autrefois…

Cette excursion imaginaire rétablira l'équilibre entre les parties « logique » et « émotionnelle » de votre cerveau, ce qui vous permettra ensuite de disposer de l'ensemble réel de vos capacités intellectuelles.

◉ Stimuler son thymus

Vous obtiendrez un effet similaire en frappant légèrement sur votre thymus. En tant que glande sécrétrice d'hormones, cet organe fait le lien entre le corps et l'esprit. En cas de stress et de tension, il se contracte et interrompt sa production. Mais vous l'activerez de nouveau en frappant doucement dessus. Cela harmonisera les deux hémisphères cérébraux ; pensées et sentiments stressants seront neutralisés.

Le thymus se trouve derrière le sternum, environ à la hauteur de la deuxième côte. Pour l'activer, frappez légèrement à cet endroit du bout des doigts d'une main, douze à quinze fois environ. Peut-être ne sentirez-vous aucun effet convaincant dans l'immédiat ; néanmoins, sachez que ce geste peut vous être d'une grande aide. Il est doux, discret et on peut y avoir recours à tout instant. Essayez !

◑ Gymnastique antistress

Une troisième solution consiste à travailler la coordination des mouvements. La moitié droite de notre cerveau est connectée au côté gauche de notre corps et la moitié gauche de notre cerveau à la droite.

En mettant en jeu les deux hémisphères cérébraux à la fois, vous harmoniserez leur fonctionnement. Un mouvement ou un enchaînement de mouvements au cours duquel vous combinez parties droite et gauche de votre corps de manière alternative aura l'effet équilibrant recherché.

⊙ Exercice : mouvements coordonnés

Attrapez votre nez avec votre main droite et en même temps votre oreille droite avec votre main gauche. Puis inversez : la main gauche sur le nez et la droite sur l'oreille gauche. La main qui touche l'oreille doit toujours passer devant l'autre main. Inversez vos mains de plus en plus vite.

Ce petit exercice se pratique à tout instant entre deux activités. Son effet relaxant sur l'organisme est souvent sous-évalué. À vous d'expérimenter et de voir laquelle de nos suggestions vous apporte l'effet délassant escompté. Vous pouvez aussi développer votre propre méthode !

Savoir se déconnecter de la réalité

Plus la vie est agitée et stressante, plus il est important et reposant de réussir à se retirer pendant quelques minutes dans le calme de son monde intérieur. Essayez les différentes méthodes décrites ci-après pour y parvenir. Ces quelques instants de calme avec vous-même, coupé du monde, sont déterminants.

⊙ Apprendre à s'isoler

Pour vous déconnecter un court moment du monde extérieur, vous pouvez vous organiser de manières très différentes :

- Retirez-vous dix minutes dans un lieu où vous serez seul. Il peut s'agir des toilettes de votre bureau, peu importe ; l'important étant que vous ne soyez pas dérangé du tout. Méditez un peu ou relaxez-vous d'une autre manière.
- Faites une petite promenade, si possible, évidemment, dans la nature.
- Écoutez de la musique douce, si possible avec des écouteurs de sorte à vous isoler des bruits de l'extérieur.
- Allongez-vous pendant une demi-heure dans votre baignoire et savourez la sensation de chaleur, de légèreté et de détente qui vous envahit.
- Asseyez-vous dans un endroit calme, dans lequel vous ne serez pas dérangé, et laissez-vous aller à la rêverie.

Tout est possible. Il faut juste que vous ne soyez plus disponible pendant un intervalle de temps quelles que soient les exigences de votre travail. Cela implique aussi – si vous le pouvez – d'éteindre votre téléphone.

Il n'est pas facile de couper court à ses pensées préoccupantes et soucis, néanmoins, vous pouvez « changer de canal ». Occupez votre esprit de choses agréables (musique, rêveries…) et il n'y aura plus de place pour la colère ou le stress, du moins provisoirement.

Plus vous vous calmerez et plus vous vous offrirez des moments de solitude, plus votre tension aura de chances de diminuer d'elle-même et plus vous vous montrerez capable de réflexions claires et de créativité sur la durée.

⬇ Le secret des oursons gélifiés

Souvent, s'isoler dans un coin tranquille et essayer de se calmer ne suffit pas. Il arrive que des sujets d'énervement ou de préoccupation tournent sans arrêt dans votre tête et monopolisent vos pensées. Vous ne parvenez pas à oublier votre dispute avec votre collègue, la montagne de travail sur votre bureau, la conversation avec votre chef ou cette importante conférence que vous devez diriger dans quelques semaines.

Avec des pensées aussi pesantes, il est difficile, voire impossible, de trouver le calme intérieur et de profiter vraiment de sa courte pause pour se détendre. Dans ce cas ou dans des situations similaires, nous vous proposons l'exercice suivant :

⊙ Exercice : un cadre décoré d'oursons gélifiés

Fermez les yeux et faites trois inspirations profondes. Puis imaginez un lourd cadre de style baroque, doré ou argenté, et orné de tout type de fioritures. Dans ce cadre, placez en pensée l'image de la personne ou le symbole du fait qui vous empêche de recouvrer votre calme intérieur.

Concentrez-vous mentalement sur ce tableau jusqu'à ce que tous les détails vous en apparaissent clairement et distinctement et que vous puissiez croire qu'il se trouve réellement devant vous et que vous pouvez le toucher.

Ensuite, modifiez le cadre : donnez-lui une autre couleur ; rendez-le progressivement plus léger, plus étroit et plus délicat. Vous voudrez aussi peut-être en arrondir les angles. Changez tout ce qui vous paraît trop lourd et imposant. Finalement, dans votre imagination, recouvrez-le entièrement d'oursons gélifiés multicolores que vous collez dessus.

Si ce n'était pas le cas auparavant, maintenant au moins, la personne ou le symbole que vous avez encadré aura perdu de sa prestance. Elle/il aura l'air absurde, amusant, peut-être même gai, mais plus effrayant. Vous verrez alors diminuer votre tension intérieure. Imaginez, par exemple, le portrait de votre supérieur dans un joli cadre ovale, rose et décoré d'oursons gélifiés...

☯ Plein de ballons de baudruche

L'exercice suivant, qui utilise des ballons de baudruche, aura un effet similaire :

◑ Exercice : laisser s'envoler ses soucis

Fermez les yeux et inspirez par trois fois profondément. Réfléchissez rapidement à ce qui vous stresse le plus en ce moment et choisissez un mot-clé unique (par exemple « conférence » ou « réunion ») pour vous y référer. S'il s'agit d'une personne, utilisez son nom comme mot-clé.

Imaginez que vous inscrivez ce mot avec une écriture anguleuse, en pattes de mouche et de couleur foncée sur une petite ardoise. Modifiez ensuite les caractéristiques de cette écriture mentalement : les lettres s'adoucissent, s'arrondissent, prennent des teintes pastel et deviennent plus agréables à regarder. Les couleurs égaient l'ardoise, le mot perd peu à peu tout lien avec la cause de stress à laquelle il fait référence. Pour terminer, accrochez mentalement votre ardoise à des ballons de baudruche colorés et laissez-la tout simplement s'envoler avec eux.

Si vous le souhaitez, vous pouvez combiner les deux exercices précédents en décorant votre cadre avec des ballons de baudruche et en le laissant s'envoler. Utilisez la force de votre imagination ! Vous pouvez aussi inventer des exercices similaires en fonction de votre propre ressenti.

Ces exercices sont utiles face aux petits sujets d'énervement quotidiens qui sont supportables individuellement, mais qui, accumulés, deviennent souvent de puissants facteurs de stress. Quand on exige déjà beaucoup de soi, quand les sollicitations se multiplient, la coupe est vite pleine. Face à de telles situations, commencez par mettre en pratique nos suggestions et donnez-vous les moyens d'être de nouveau insouciant et détendu.

⊚ Faire le vide avant de s'endormir

Il est particulièrement fatigant d'avoir l'esprit encombré à cause du stress au moment de s'endormir. Vous êtes épuisé, vous voulez dormir et vous en avez besoin, mais c'est impossible. Vous n'arrêtez pas de vous retourner dans vos draps et devenez de plus en plus nerveux. Là encore, il existe quelques trucs pour vous aider à déconnecter.

Exercice : évaluer la journée écoulée

Passez intérieurement votre journée en revue et donnez une note à votre impression d'ensemble :
5/5 pour une journée très réussie.
4/5 pour une journée assez réussie.
2,5/5 pour une journée neutre.
1/5 pour une journée plutôt mauvaise.

Vous pouvez, si vous le désirez, inscrire votre évaluation sur votre journal de bord.

Ce procédé a les avantages suivants :

- Vous n'aurez pas une situation pesante comme seul souvenir de votre journée, puisque vous allez la parcourir en entier par la pensée et vous rappeler aussi, ce faisant, des événements agréables.
- Vous vous endormirez avec un sentiment beaucoup plus plaisant : « Cette journée n'a pas été aussi terrible que ce que je pensais ! » Et vous laisserez les expériences négatives plus facilement derrière vous.
- Votre repos nocturne sera plus intense et plus long.
- En outre, le temps passant, vous vous apercevrez sans doute, en comparant les notes, que vos journées sont en moyenne tout à fait acceptables.

⊕ Débarrassez-vous de vos problèmes

Si cela ne suffit pas, parce que vous avez vécu une expérience particulièrement difficile ou bien si cette dernière méthode ne vous plaît pas, essayez la technique suivante.

⊙ Exercice : rangez vos problèmes dans une caisse

Fermez les yeux et inspirez profondément trois fois. Imaginez qu'une grosse caisse ou un coffre en bois se trouve à côté de votre lit. Vous en ouvrez lentement le couvercle et mettez dedans de manière symbolique tout ce qui vous pèse : par exemple, le trac que vous ressentez à cause des négociations que vous devez mener le lendemain avec de nouveaux clients, votre peur d'oublier un rendez-vous important ou encore de ne pas trouver les dossiers nécessaires, etc. Tout ce qui inquiète votre esprit doit dormir dans ce coffre.

Le lendemain, lorsque vous vous réveillerez, vous rouvrirez mentalement le couvercle de votre coffre et y reprendrez vos problèmes. Peut-être y en aura-t-il moins, peut-être plus, peut-être se seront-ils allégés et seront-ils devenus moins préoccupants. L'essentiel, c'est que durant la nuit, ils aient bien été mis de côté.

Peut-être cela vous paraît-il absurde, mais vous serez étonné de l'efficacité de cet exercice. Le subconscient pense et vit les choses de manière très imagée. En imaginant avoir le droit de reléguer un problème dans un coffre, il a la sensation d'être soulagé et ne s'occupe plus de ce facteur de stress. Il peut ignorer une responsabilité pendant toute une nuit, ce qui vous permet automatiquement de vous détendre, l'esprit libéré.

☺ Écrire pour épancher son âme

Vous obtiendrez encore les mêmes effets en mettant vos préoccupations par écrit.

☺ Exercice : conjurer ses soucis sur le papier

Au moment de vous endormir, préparez du papier et un crayon. Si vous ne réussissez pas à dormir, notez simplement toutes les pensées oppressantes qui vous tourmentent. Imaginez que vous vous écrivez une lettre à vous-même ou bien à la personne que vous serez dans deux mois. Communiquez ouvertement, racontez vos inquiétudes et vos chagrins. Vous pouvez aussi n'inscrire que quelques mots-clés résumant vos principales pensées et les classer rapidement en fonction de leur signification.

Vous verrez, rien que le fait de mettre des mots sur des faits apporte un soulagement. Ce qui vous inquiète sera écrit noir sur blanc, et accessible à tout moment. Votre subconscient pourra donc abandonner sa tâche présumée, à savoir vous rappeler vos problèmes par des sensations oppressantes.

Mon fils de douze ans a mis au point une variante des techniques ci-dessus ; elle lui permet de se calmer lorsque quelque chose le met dans une colère noire. Il s'imagine qu'il froisse la cause de sa fureur, que ce soit une personne ou un fait, comme une feuille de papier, et qu'il en fait une boule. Cette boule, il la pétrit avec ses mains en pensée pendant un petit moment jusqu'à ce qu'elle soit bien ronde. Puis il se visualise en train de la lancer de toutes ses forces le plus loin possible.

À ce moment-là, son subconscient prend ses distances par rapport à la cause de sa colère. Et il est finalement beaucoup plus facile pour mon fils de gérer la situation.

L'un de mes amis, qui est chef du personnel, a, pour sa part, accroché dans son bureau une carte de l'Univers. Lorsqu'il a le sentiment qu'une tâche difficile exige plus d'énergie et d'engagement qu'il ne peut en investir, il observe sa carte pendant quelques instants. Cela lui permet de prendre conscience de la différence de proportion entre son stress personnel momentané et l'infinité de l'Univers, ainsi que de l'importance réelle finale de sa tâche au sein du macrocosme.

◐ Le pouvoir de l'imagination

Mis à part ces mesures d'urgence et autres méthodes similaires, votre imagination vous offre encore un réservoir inépuisable de possibilités auquel vous avez accès à tout instant. À vous de vous constituer ces « stations-service » mentales auxquelles vous pourrez recharger vos batteries pour vous remettre d'aplomb. Par exemple, grâce aux propositions suivantes.

◑ Exercice : un voyage imaginaire

Fermez les yeux et inspirez profondément à trois reprises. Visualisez un bel endroit en pleine nature dans lequel vous vous trouvez volontiers. Cela peut être un lieu que vous connaissez ou inventé. L'essentiel est d'en percevoir la magie avec tous vos sens.

Avec votre œil intérieur, vous **voyez** ce qui se crée devant vous : un panorama enchanteur, peut-être une prairie couverte de fleurs colorées, un bosquet, une rivière, une chaîne de montagnes à l'arrière-plan, l'étendue infinie de la mer, etc.

Vous **entendez** les différents bruits : le vent dans les arbres, le clapotis d'un ruisseau, peut-être au loin le ronflement de moteurs ou des voix.

Vous **sentez** : la douce caresse du vent sur votre peau, la manière dont les rayons du soleil vous réchauffent, et vous vous sentez léger et libre, parfaitement bien.

Peut-être aussi y aura-t-il une **odeur** liée à ce paysage, le parfum des roses par exemple, celui du bois fraîchement scié ou d'une prairie d'été. Et peut-être **goûterez**-vous à l'air salé de la mer ou à celui plus vigoureux des montagnes.

Un tel voyage imaginaire ne manquera pas de vous détendre. Vous y reprendrez des forces. Plus vous imaginerez les choses en détail et avec netteté, plus vous vous immergerez dans votre paysage de rêve et plus votre esprit s'éloignera des exigences du quotidien.

Cette mise à distance vous fera le plus grand bien et vous remarquerez vite qu'un tel « voyage imaginaire » est véritablement reposant. Essayez d'avoir recours à tous vos sens si possible. Grâce à eux, vous pénétrerez plus profondément encore dans votre monde de rêve.

◐ **Se concentrer sur ses cinq sens**

Voir, entendre, toucher, sentir et goûter constituent les différentes stations que vous pourrez visiter au cours de votre voyage dans le système VAKOG (V pour Visuel ; A pour Auditif, K pour kinesthésique, O pour Olfactif et G pour Gustatif).

Là, vous avez, lorsque vous vous détendez, deux options principales :

1. Vous concentrer sur ce qui est : fermez les yeux et percevez avec tous vos sens ce qui se passe autour de vous ; sur votre écran intérieur, visualisez alors l'image qui s'offrira à vous quand vous ouvrirez de nouveau les yeux. Vous entendez les bruits des voitures dans la rue ou bien le murmure lointain de voix, vous percevez le contact des vêtements sur votre peau, vous sentez l'arôme du café qui monte de la cantine, vous avez peut-être encore le goût de la dernière bouchée croquée dans une pomme que vous venez de manger.

2. Vous transférer dans un lieu imaginaire et y vivre tout ce que vos sens vous offrent. Vous voyez, écoutez, touchez, sentez et goûtez ce que vous voulez, ce qui vous plaît et vous détend. L'essentiel est que vous vous représentiez les choses avec une telle intensité que vous ne sachiez plus, par moments,

si vous êtes dans la réalité ou dans un monde imaginaire.

Un voyage imaginaire élaboré de manière active comme celui-ci est souvent plus efficace que, par exemple, une séance d'écoute musicale. En effet, le fait de se représenter quelque chose consciemment maintient l'esprit dans des pensées agréables : il n'est donc plus en mesure de s'occuper des facteurs de stress.

Prenez le temps de ménager des pauses dans votre quotidien, le plus régulièrement possible. De petites mesures d'urgence suffisent souvent à apporter un soulagement appréciable. Plus vous y aurez recours régulièrement et plus votre subconscient sera disposé à accepter ces méthodes de soutien et à s'y habituer.

> Lâcher prise dix minutes par jour, c'est plus efficace qu'une heure par semaine. Quelques petites astuces vous permettent de vous détendre agréablement et vite. Se relaxer régulièrement permet de recharger ses batteries pour affronter les périodes de stress !

⊙ Travailler son attitude antistress

- Pour vous libérer de votre stress, vous devez avant tout identifier vos entraves psychologiques.

- Attention, les attitudes négatives débouchent sur des résultats négatifs : si vous abordez une mission ou une situation en vous convainquant que vous réussirez et que tout se passera bien, vous augmenterez vos chances de succès.
- Chaque individu, au travers de son éducation et de ses expériences, acquiert des croyances qui le guident. Les croyances négatives peuvent être des freins. Prenez conscience de vos schémas de pensée et remettez-les régulièrement en question.
- Les préjugés nuisent à votre sérénité, car ils vous brident. En faisant preuve d'ouverture envers les personnes qui vous entourent, vous repousserez vos limites.
- Apprenez à prendre soin de vous en tenant compte de vos besoins personnels. Sinon la sérénité fera place au stress et à l'insatisfaction.
- Vous pouvez vous renforcer en adoptant un discours intérieur positif. Vous vous affaiblirez en choisissant de vous exprimer sur un mode négatif.
- En prenant conscience de vos valeurs, vous créez un cadre d'action qui renforcera votre assurance et diminuera votre stress.

Lutter de manière ciblée contre les facteurs de stress

Quels sont les événements ou les personnes à l'origine de votre stress ? Le manque de temps permanent vous perturbe ? Votre manière de vous organiser est-elle inadaptée ? Grâce à votre stratégie antistress personnelle, découvrez où sont les ennemis de votre efficacité au travail.

Utiliser la stratégie antistress

Revenons aux quatre étapes de la stratégie antistress individuelle et efficace à long terme :

1. Reconnaître les facteurs de stress.
2. Différencier stresseurs externes et internes.
3. Diminuer les facteurs de stress externes grâce à une meilleure organisation personnelle.

4. Circonscrire les facteurs de stress internes via la relaxation active.

☯ Trouver ses propres facteurs de stress

Pour lutter contre vos propres facteurs de stress, vous devez avant tout les connaître. Ce qui va préoccuper une personne constituera peut-être pour une autre personne une situation banale. Rappelez-vous, par exemple, cette image typique de l'artiste ou du scientifique génial assis dans sa chambre au beau milieu d'une montagne de livres, de dossiers, de matériaux, d'esquisses ou d'articles inachevés. Le désordre est tel qu'il lui est impossible d'avoir une vision d'ensemble de son travail ; pourtant, il réussit à rester de bonne humeur et productif.

Il y a autant de facteurs de stress qui provoquent des réactions de tension qu'il y a de personnes différentes. Avez-vous d'emblée une idée précise de vos stresseurs personnels ? Qu'est-ce qui s'attaque à votre tranquillité d'esprit ? Quels événements ou quelles personnes vous mettent à bout de nerfs ?

◑ Exercice : mettre les situations stressantes sur papier

Reprenez la liste que vous avez établie à la fin du premier chapitre (« Comment réagissez-vous au stress ? »)

et complétez-la avec les expériences que vous avez vécues ces derniers temps (personnes, faits). Notez tout avec objectivité même si la liste vous semble très longue.

Classez vos expériences en fonction de l'intensité du stress ressenti à chaque fois, pour autant que vous puissiez vous en souvenir.

Ensuite, décrivez avec autant d'exactitude que possible ce qui vous a stressé et comment le problème aurait pu être désamorcé. Qu'est-ce qui aurait dû se passer différemment pour que ça vous convienne mieux ? Comment les choses se seraient-elles alors déroulées ?

Voici ce à quoi une telle liste pourrait ressembler pour une journée de travail habituelle :
- Vous avez quitté votre domicile avec un quart d'heure de retard le matin.
- Quand vous êtes enfin arrivé au bureau, votre chef était en colère parce que vous n'aviez pas encore terminé un courrier important.
- La réunion concernant le nouveau projet a duré beaucoup plus longtemps que prévu.
- Vous avez à peine eu le temps de déjeuner au calme.
- Et finalement, vous vous êtes retrouvé dans un embouteillage en rentrant chez vous.

⬇ Reconnaître les sources de stress

Le pire, pour vous, ça a été l'embouteillage, suivi par la réunion sans fin, le déjeuner pris à la hâte, votre retard matinal et enfin la colère de votre chef.

Une analyse plus rigoureuse vous fera peut-être découvrir d'autres causes plus profondes capables de susciter votre état de stress. Dans l'embouteillage, vous avez ressenti de l'impatience, parce que vous vouliez rentrer chez vous, mais vous vous êtes aussi senti impuissant et incapable de changer la situation. Pendant la réunion ou le déjeuner, vous n'avez pas arrêté de penser à la montagne de dossiers qui vous attendaient sur votre bureau et qui devaient être traités si possible dans la journée. Quant à votre retard du matin, il vous a donné mauvaise conscience et vous avez interprété la colère de votre chef comme une remise en cause de votre fiabilité.

Vous vous rendez certainement compte qu'il y a là des causes extérieures concrètes (manque de temps, mauvaise organisation, etc.) et des causes internes plus abstraites (inquiétude, manque de confiance en soi) à votre stress. Il faut donc que vous interveniez à deux niveaux :

• D'une part, grâce à une meilleure organisation, en suivant la méthode précise expliquée ci-après dans ce chapitre.

• D'autre part, en recouvrant votre calme intérieur sur le long terme et en stimulant votre potentiel de créativité. Nous traiterons ce thème dans le quatrième chapitre de ce manuel.

Les différents problèmes énumérés ci-dessus peuvent être résolus de la manière suivante :

• Embouteillage : prenez les transports en commun.
• Réunion : convenez avec vos collègues d'une heure de début, mais aussi de fin.
• Déjeuner : accordez-vous le temps de déjeuner calmement et prenez-le vraiment.
• Retard : levez-vous dix minutes plus tôt le matin et prenez un petit déjeuner tranquillement.
• Chef : n'interprétez pas le fait qu'il ait mentionné avec colère la lettre que vous n'avez pas encore écrite comme une accusation de défaillance.

Naturellement, ces propositions ne conviennent pas forcément à tout le monde et ne sont pas toujours réalisables. Elles ont néanmoins le mérite de vous montrer comment réagir.

> À partir du moment où vous serez conscient de la nature des facteurs (événements ou personnes) qui vous mettent sous pression, vous aurez fait un premier pas pour les surmonter.

Le mieux serait de vous observer vous-même pendant une période déterminée et d'analyser régulièrement, par exemple chaque soir, quels ont été les deux ou trois facteurs de stress les plus intensifs de la journée. Cela vous donnera rapidement une vue d'ensemble, grâce à laquelle vous pourrez prendre des mesures. Essayez, ce faisant, d'aller au fond des choses et d'identifier les causes véritables de votre tension.

Nous allons d'abord travailler sur le quotidien au travail. Mais vous pourrez naturellement transposer les exercices proposés plus tard, dans votre vie privée, et analyser celle-ci sous les différents angles évoqués.

⊙ Mieux répartir son temps

Une fois votre liste établie, vous constaterez très certainement que chez les stresseurs externes, le facteur temps joue un rôle important. Avec plus de temps, la majorité des points évoqués dans notre exemple n'auraient vraisemblablement pas été stressants ou au moins pas autant. Cela vaut donc la peine de se pencher sur le problème.

Le temps est la ressource la plus précieuse dont nous disposons dans notre vie. Chaque jour nous offre de nombreuses occasions de l'organiser de manière judicieuse. Souvent, toutefois, nous n'en sommes pas conscients. Nous nous sentons prisonniers d'échéances qui ne dépendent pas de nous, avons le sentiment de n'avoir aucune influence dessus et que nous sommes livrés, plus ou moins impuissants, aux événements.

Beaucoup de stress inutile naît de cette impression de ne jamais avoir assez de temps, par exemple pour :
- Travailler calmement.
- Se relaxer de temps à autre.
- S'acquitter vraiment de l'ensemble de ses tâches.
- Manger tranquillement (ou s'octroyer le temps de le faire).
- Réagir face aux imprévus.
- Entretenir des relations amicales avec ses collègues ou d'autres personnes.

Or le problème, ce n'est pas que nous disposions de très peu de temps, mais plutôt que nous en perdons beaucoup, disait déjà le philosophe romain Sénèque. Il faut donc parvenir à percevoir plus nettement le temps et à mieux l'utiliser.

Vous avez en général beaucoup plus de pouvoir sur votre emploi du temps que ce que vous croyez.

⚙ De l'extérieur vers l'intérieur

Une fois que vous aurez analysé clairement la situation et que vous aurez essayé de mieux organiser vos obligations, vous serez étonné de constater que vous n'avez pas seulement amoindri vos stresseurs externes, mais que, automatiquement, vous êtes devenu plus calme à l'intérieur.

Peut-être connaissez-vous le sentiment exaltant que l'on ressent après être venu à bout d'un « gros morceau » au travail, que ce soit une réunion importante, un rapport essentiel, une conversation décisive ou toute autre chose de ce type. À l'instant où la tâche est terminée, un sentiment de soulagement et de relaxation se répand en vous.

C'est la raison pour laquelle les répercussions sur votre vie intérieure sont palpables, dès que vous commencez à étudier à la loupe la manière dont votre quotidien est structuré et que vous le régulez. Naturellement, l'inverse vaut aussi : plus vous vous sentez calme et performant à l'intérieur et plus vous trouverez vos tâches quotidiennes simples et réalisables.

Différencier, planifier et déléguer

Si vous organisez votre temps et votre travail de manière plus efficace, vous vous apercevrez très vite que votre sentiment de stress permanent diminue nettement. Pour y parvenir, il faut vous donner régulièrement le temps d'apprendre comment gérer temps et énergie.

⬇ Séparer vie professionnelle et vie privée

Pour séparer travail et vie privée, il est déterminant de faire preuve de discipline et de définir clairement les frontières. Vérifiez si vous réussissez à distinguer votre vie professionnelle et votre vie privée. Il n'y a rien de tel pour perdre du temps que de recevoir en permanence des appels téléphoniques d'amis qui ne veulent que « bavarder cinq minutes, pas plus », mais qui vous déconcentrent complètement et vous détournent des tâches importantes qui vous incombent. Le temps de vous concentrer de nouveau sur votre travail, un moment précieux aura été perdu.

Il est tout aussi important de ne pas rapporter à la maison les soucis et les tensions de votre vie professionnelle. Certes, vous avez le droit de raconter votre journée de travail à la personne qui partage votre vie, mais veillez à ne pas importer, ce faisant, des émotions non surmontées.

⬇ Tracer une frontière à l'aide d'un rituel

Lorsque vous vivez une période de haut stress professionnel, il est très utile de mettre en place une barrière – visuelle ou perceptible autrement – entre la fin du travail et l'arrivée à la maison et ce, grâce à un petit rituel.

- Faites une promenade d'un quart d'heure avant de rentrer chez vous (ou bien avec la personne qui partage votre vie).
- Commencez par vous retirer quelques minutes et relaxez-vous complètement, par exemple en suivant l'une des méthodes proposées dans le chapitre suivant.
- Buvez tranquillement une tasse de thé ou de café (éventuellement avec la personne qui partage votre vie).
- Prenez conscience, alors, que si cette personne vous écoute, il ou elle n'en est pas responsable de l'état de stress dans lequel vous rentrez du bureau.

Une fois que vous aurez dit calmement tout ce qui vous tenait à cœur, rappelez-vous à vous-même que vous avez fini de travailler et que le week-end est fait pour se reposer. Et ne l'oubliez pas, car vous avez vraiment mérité ce temps de repos !

☼ Mettre au point votre planning du jour

Savez-vous clairement ce que vous avez à faire et ce qu'on attend de vous demain ? Si vous avez le sentiment diffus que de toute façon, vous n'aurez pas assez de temps pour tout réaliser, vous allez peu à peu vous laisser envahir par le stress et perdre votre calme. Au contraire, si vous avez une idée précise de la nature et de l'importance de chaque tâche ainsi que du temps nécessaire pour l'exécuter, il vous sera beaucoup plus facile de tout gérer.

L'un de mes amis qui est un manager a pris l'habitude d'utiliser le quart d'heure de promenade de son chien, tous les matins, pour planifier sa journée en pensée : en marchant, il réfléchit à tout ce qu'il a à faire et repère les points les plus importants et les plus urgents. De cette façon, lorsqu'il arrive ensuite au bureau, il peut aller immédiatement et avec enthousiasme à l'essentiel.

Dans la plupart des cas, au début, il est utile de mettre au point ce type de planning ou de vue d'ensemble par écrit : il est alors plus facile de l'avoir sous la main, pour y apporter d'éventuels changements, améliorations ou compléments.

Réfléchissez donc de manière systématique aux tâches concrètes qui vous incombent.

◯ Exercice : évaluez ce que vous avez à faire

Prenez cinq minutes pour noter ce qui vous incombe le lendemain au travail. Écrivez tout ce qui vous vient spontanément à l'esprit.

Maintenant, classez les différentes tâches en fonction de leur importance : inscrivez un « 1 » devant les tâches qui doivent obligatoirement être exécutées parce qu'il y a une date à ne pas dépasser ou parce qu'elles sont urgentes. Inscrivez un « 2 » devant les affaires importantes et un « 3 » devant celles qui, après réflexion, peuvent être reportées ou déléguées à une autre personne.

Emportez cette liste le lendemain au travail et exécutez les tâches dans l'ordre les unes après les autres.

☙ Les avantages d'un emploi du temps quotidien

- Visualiser d'un coup d'œil ce qui vous attend le lendemain et éviter ainsi les mauvaises surprises au cours de la journée (« Aïe, j'avais complètement oublié ! »).
- Classer les tâches en fonction de leur importance et pouvoir vous concentrer sur les points réellement urgents dès votre arrivée au bureau.
- Avoir une vue d'ensemble de votre montagne de dossiers : celle-ci ne provoquera plus autant de tension et d'angoisse en vous.
- Réfléchir à l'avance. Cela vous permet d'envisager consciemment la possibilité de déléguer telle ou telle tâche. Vous constaterez que ce type d'opération se fait alors beaucoup plus facilement.
- Pouvoir barrer à chaque fois de votre liste ce qui est fait et avoir chaque soir, au moins un résultat satisfaisant écrit noir sur blanc devant les yeux.

- Évaluer clairement ce que vous pouvez faire en réalité et ne plus avoir le sentiment en permanence que vous n'êtes « de nouveau arrivé à rien ».

> Rédiger ce type de liste vous prendra cinq minutes la veille au soir ou le matin même de votre journée de travail. Mais cela vous fera gagner beaucoup plus de temps !

Votre organisation étant mieux structurée d'une part et votre motivation plus grande d'autre part, vous gagnerez du temps. Dès que votre liste sera claire et ordonnée et que les tâches y seront classées par ordre d'importance, il vous suffira de les exécuter les unes après les autres. Ce sera beaucoup plus facile que lorsqu'un tas informe de dossiers divers vous attendait et que vous preniez le risque d'être retardé par des tâches sans importance.

☞ Conseils pour l'exécution de vos tâches

Lors de la planification puis de l'exécution des tâches listées, veillez aux points suivants :
- Terminez si possible chaque tâche intégralement. Une liste de processus commencés puis interrompus occuperait trop votre subconscient et aurait raison de votre sérénité. Une tâche exécutée, en revanche, libérera en vous un sentiment de fierté, de satisfac-

tion et de calme intérieur. Il est donc préférable de s'acquitter de trois tâches jusqu'au bout, plutôt que d'en exécuter dix à moitié.

- Quand vous planifiez en détail le déroulement de votre travail, prêtez attention à votre rythme biologique. Certaines personnes sont plus performantes le matin, d'autres l'après-midi voire seulement le soir. Vous devez savoir quand vous êtes le plus efficace : travaillez sur les dossiers les plus importants à ce moment-là pour obtenir les meilleurs résultats possible.

- Prévoyez enfin un laps de temps pour les imprévus. Si vous remplissez votre planning sans laisser une minute de libre, la moindre petite interruption va bousculer vos plans : vous aurez l'impression de manquer de temps et serez stressé. Si, en revanche, vous disposez d'une certaine marge de manœuvre, elle pourra vous servir à gérer ce type d'incidents en toute tranquillité. Et si jamais vous n'en avez pas besoin, vous l'utiliserez pour vous avancer dans votre travail et alléger votre tâche les jours suivants.

⏬ Ne pas perdre de vue vos objectifs personnels

Avant de commencer à travailler, lorsque vous établissez quels sont les points les plus importants de votre liste, vous choisissez des tâches sur lesquelles vous allez concentrer vos efforts. Chaque jour, ces tâches auxquelles vous attribuez un « 1 » ne doivent pas être plus de deux, maximum trois. Ainsi, vous serez certain de pouvoir les exécuter ; peu importe la quantité de travail qu'il vous reste par ailleurs.

Lors de la classification de vos tâches en différentes catégories, vous devez également tenir compte de l'intérêt que représente telle ou telle activité pour vous, votre carrière professionnelle ou votre développement personnel. Faire des copies d'une étude importante peut vous apporter beaucoup si vous saisissez cette opportunité pour jeter un œil sur un contenu intéressant et en apprendre plus dans un domaine spécialisé.

En revanche, s'il ne s'agit que de faire le travail de votre supérieur à sa place, cela ne vaut vraisemblablement pas la peine de passer votre temps devant la photocopieuse. Essayez, dans la mesure du possible, de déléguer toutes les tâches qui vous coûtent du temps inutilement.

> **Demandez-vous toujours quelles sont les activités qui sont les plus importantes pour vous, votre développement personnel et votre succès dans l'avenir, et agissez en conséquence.**

Évidemment, cela ne peut se faire que si vous avez une vision de votre avenir.

☉ Exercice : où vous voyez-vous dans trois ans ?

À l'occasion prenez une demi-heure pour rêver sans restriction : dans quel cadre de vie, à quel poste vous voyez-vous dans trois ans ? Où aimeriez-vous être ?

Dépeignez ce tableau avec autant de précision possible et notez tous les détails qui vous viennent à l'esprit. À quoi ressemble votre bureau ? Qui sont vos collaborateurs ? Quels horaires de travail souhaitez-vous avoir ? Voudriez-vous travailler en équipe ou en indépendant ? Dans ce cas, de quel équipement technique auriez-vous besoin pour être efficace ? Qui peut empêcher que vous soyez importuné par les petits tracas du quotidien ? Voudriez-vous faire des déplacements, transférer votre lieu de travail ou bien préférez-vous ne pas avoir à changer de maison ni de ville ? Laissez votre imagination voguer sans limites !

Il existe des techniques adaptées permettant d'établir des priorités et de planifier son avenir professionnel avec précision. De nombreux manuels ont déjà été publiés sur le sujet.

Une fois que vous avez une image précise de ce que vous désirez, il est beaucoup plus facile d'y travailler efficacement. Pour « mettre les gaz » vers un endroit, il faut nécessairement savoir où il se trouve ! Vous pourrez alors sélectionner vos tâches les plus importantes en fonction de vos projets d'avenir. Réfléchissez-y lorsque vous préparerez la liste de vos journées de travail à venir :

- Dans quelle mesure cette activité favorise-t-elle mon développement personnel ou non ?
- Me permet-elle de me rapprocher de mes objectifs ou m'en éloigne-t-elle ?
- Cela m'apporte-il un avantage de m'en charger moi-même ou bien pourrais-je aussi bien déléguer ?

Ces réflexions vous permettront de concentrer votre énergie sur ce qui est essentiel. Vos objectifs clairement définis à l'esprit, vous pouvez déterminer comment vous en rapprocher étape par étape.

Exemple : changement de service

Vous travaillez dans une grande entreprise et voudriez bien entrer dans un autre service. Une fois que vous avez clairement établi que c'était votre objectif, orientez votre travail de sorte à vous acquitter des tâches en rapport avec ce service avec une rapidité, une efficacité et une fiabilité particulières. Faites preuve de clairvoyance : parmi tous vos dossiers, lequel serait utile aux collaborateurs de ce service ? Comment pourriez-vous faire la preuve de votre intérêt et de votre compréhension de ses méthodes de travail ? Y a-t-il moyen de faire la démonstration de vos connaissances spécialisées ?

Peut-être souhaitez-vous plutôt garder votre poste actuel, à condition qu'il devienne moins stressant. Dans ce cas, imaginez-vous calme, détendu et gai au travail. Cette image sera l'objectif dans lequel vous travaillerez. Vous verrez : dès que ce sera clair pour vous, la situation s'améliorera d'elle-même.

Vous ne travaillerez plus en premier lieu pour votre chef ou pour améliorer la productivité de votre entreprise, mais pour que la vie à votre poste de travail soit de plus en plus agréable.

> Vous engager dans la lutte contre le stress – votre objectif personnel – sera beaucoup plus facile et agréable puisqu'il s'agira de construire votre propre avenir !

En outre, en vous concentrant sur des objectifs précis, vous améliorerez automatiquement vos compétences spécialisées et démontrerez que vous êtes un collaborateur flexible et capable d'apprendre.

⊙ Gagner du temps en déléguant

Cette technique de la planification a un autre avantage dont il est facile de profiter. Vous avez classé vos tâches par ordre d'importance en différentes catégories : les tâches très importantes, les moins importantes et celles qui peuvent être remises à plus tard facilement, voire que vous pouvez déléguer à d'autres sans que cela ne nuise à vos résultats ni au bon déroulement de votre travail.

Cette dernière catégorie de tâches est peut-être problématique pour vous : pouvez-vous vraiment déléguer ? Ou faites-vous partie de ces personnes qui préfèrent tout régler elles-mêmes pour être certaines que tout est bien fait ? Dans ce cas, rien d'étonnant à ce que vous soyez stressé !

À partir du moment où vous réussissez à déléguer certaines de vos tâches – voire à les laisser carrément de côté –, vous gagnerez beaucoup de temps ! Et ce temps, c'est un espace de liberté que vous pourrez utiliser pour vous acquitter des tâches restantes en toute tranquillité. Si vous éliminez environ 10 à 20 % de votre travail, vous serez surpris du gain de temps que cela représente : un temps qui sera à disposition pour vous consacrer à l'essentiel !

Par ailleurs, certaines choses peuvent se régler d'elles-mêmes alors qu'on ne s'en occupe pas : il apparaît parfois qu'elles n'étaient pas aussi importantes qu'on l'avait supposé ; ou bien c'est un collègue qui s'en charge ; ou encore, quelques jours plus tard, vous disposez enfin de temps et réglez le problème très facilement.

De temps à autre, posez-vous la question de savoir si vous ne pouvez pas emprunter certaines techniques de travail à vos collègues. Observez les processus les plus rapides et les plus efficaces qui se déroulent autour de vous. Peut-être découvrirez-vous derrière un principe particulier que vous pouvez transposer dans votre domaine. Ce faisant, vous exercerez votre sens de l'observation, cet « œil de lynx » qui va à l'essentiel, de même que votre créativité, quand il s'avérera nécessaire de transposer une recette éprouvée de façon judicieuse.

Copiez les autres dès que ça en vaut la peine et travaillez plus intensivement dans les domaines où vos qualités personnelles peuvent s'exprimer et être reconnues. C'est aussi là que vous serez le mieux payé. Sinon, déléguez ce que vous n'avez pas envie de faire : si vous avez un travail bien rémunéré par exemple, vous pouvez vous permettre d'employer quelqu'un de faiblement rémunéré pour vous libérer d'activités telles que tondre la pelouse ou faire le ménage.

Peut-être pouvez-vous aussi recruter un étudiant intéressé pour s'acquitter des tâches quotidiennes telles que le courrier, les photocopies, la mise sous pli d'envois publicitaires, etc. De telles initiatives vous font gagner énormément de temps et vous permettent de préserver vos nerfs.

⊜ **Exercice : reconnaître ses forces et ses faiblesses**

- Demandez-vous quels sont vos points forts : que faites-vous volontiers ? Dans quel domaine êtes-vous vraiment bon ?
- Quelles sont au contraire les tâches qui vous rebutent ? Quelles sont les activités que vous préféreriez déléguer que ce soit au travail ou dans votre vie privée ? Quand est-ce possible selon vous ?

Tandis que vous apprenez à déléguer, vous vous occupez aussi automatiquement de vos obligations : que devez-vous régler absolument vous-même ? Il vous apparaîtra de plus en plus clairement que :

> **Moins vous avez d'obligations – imposées par d'autres ou par vous-même –, plus vous avez de temps à investir dans ce qui compte vraiment, et plus vous vous sentez détendu.**

C'est la raison pour laquelle cela vaut la peine d'établir une bonne fois pour toutes quelles sont vos obligations concrètes sur le long terme.

⊜ **Exercice : déléguer dès que possible**

Notez tout ce que vous faites régulièrement, ce que vous êtes tenu de faire par obligation et ce que vous faites uniquement parce que vous vous sentez tenu de le faire : commencez par votre engagement en tant que parent d'élève jusqu'aux visites obligatoires chez vos beaux-parents en passant par les grandes courses de la semaine que vous faites avec votre partenaire, l'accompagnement des enfants à leurs activités ou votre participation au comité d'entreprise…

Ensuite demandez-vous ce que vous faites volontiers parmi ces activités et ce que vous pourriez déléguer voire supprimer.

Avoir une idée claire de vos obligations profession-nelles et d'ordre privé et vous concentrer sur l'essentiel va vous aider à passer du stress permanent à un mode de fonctionnement plus rapide, plus efficace et moins éprouvant.

Prendre du plaisir à travailler

Quand on fait quelque chose de bonne volonté, on parle moins rapidement de stress que quand on répugne à la tâche. La solution la plus simple serait donc de s'acquitter avec plaisir de ses obligations. Comment réussir à avoir un état d'esprit positif au travail ? Les deux premières étapes sur cette voie vous ont déjà été expliquées plus haut : libérez-vous des obligations de moindre importance afin d'avoir du temps à consacrer à l'essentiel, et concentrez-vous sur vos objectifs personnels pour lesquels cela vaut vraiment la peine de s'engager.

⊙ Prévoir plutôt que réagir après coup

Autre mesure : ne travaillez plus le couteau sous la gorge, essayez de toujours envisager un peu à l'avance ce que l'on va vous demander. Cela vous permettra de planifier les choses tranquillement, de ne pas vous retrouver aussi vite sous pression et d'avoir toujours une petite marge de manœuvre.

Cela vous permettra d'éliminer certaines résistances internes avec plus de facilité : ce ne sera plus une obligation de régler tel ou tel problème dans la précipitation ; vous le ferez volontairement (voire volontiers) aujourd'hui, pour ne pas être pressé par le temps demain. Demain, vous serez donc libéré de cette tâche et aurez à la fois le temps et l'énergie de vous avancer sur un autre dossier.

Réfléchir et travailler à l'avance présente toute une série d'avantages convaincants :
- Vous avez toujours un train d'avance par rapport à ce que l'on exige effectivement de vous au travail.
- En cas de nécessité, vous disposez d'une marge de manœuvre qui vous permet de gérer les imprévus.

- Vous ne gaspillez plus votre énergie à travailler sous la pression, vous l'exploitez au contraire pour travailler de manière intelligente, en planifiant à l'avance.
- Plus vous planifierez votre travail avec exactitude, moins vous aurez de surprises qui vous freinent ou vous empêchent d'avancer.
- Vous vous attendez à d'éventuels dérangements et êtes prêt à investir le temps nécessaire à leur résolution.
- Prenez du plaisir à travailler. Vous développerez ainsi un sentiment de liberté et de légèreté : c'est vous qui dominez votre travail et non l'inverse !

Il est indéniablement plus pratique et plus facile de faire volontairement son travail à l'avance que d'y être forcé par les circonstances extérieures. En outre, quand on sort de la routine des activités quotidiennes et qu'il faut prendre des décisions importantes, le mieux est de ne pas être en état de stress.

Plus la tâche à exécuter est importante plus il est vital que vous ayez l'esprit tranquille et puissiez prendre des décisions et agir en toute sérénité. Les décisions prises dans le stress et avec précipitation sont souvent mauvaises, constituent des faux-fuyants ou ont des conséquences qui seront, elles-mêmes, source de stress. Qui peut réfléchir et décider en toute tranquillité jouit de conditions de départ idéales pour résoudre ses problèmes.

☉ Le principe de Pareto

Lentement mais sûrement, vous ne vous concentrerez plus sur la quantité, mais sur la qualité, en commençant par limiter vos tâches à l'essentiel et vous octroyer le temps de planifier vos activités pour travailler tranquillement. Vous parviendrez à faire un travail de qualité si en même temps vous jouissez d'un bon équilibre intérieur. L'objectif, en fin de compte, est de si bien planifier et exécuter votre travail qu'il ne vous demande plus qu'un minimum d'efforts, ce qui vous permettra de travailler détendu.

Après avoir planifié le temps de travail à votre disposition, il vous faut maintenant vous acquitter efficacement des différentes tâches que vous avez jugées essentielles : vous devez réussir à faire le plus de choses possible avec le moins d'énergie possible. Observez l'une de vos activités quotidiennes et évaluez combien vous vous investissez et ce que cela vous rapporte.

Supposons que vous vouliez exécuter une certaine quantité de travail en un temps déterminé, par exemple écrire cent lettres à votre clientèle en une heure. Lorsqu'on travaille normalement à une tâche, le rapport entre investissement et résultats est de 50-50. On investit le temps nécessaire et on reçoit les résultats escomptés. Mais quand on débute dans un nouveau domaine, ce rapport est souvent modifié : il faut investir beaucoup (80) pour peu de résultats (20). Après quelque temps, on gagne en expérience, on apprend en observant et on s'améliore, ce qui permet d'atteindre un rapport de 60 (investissement) pour 40 (résultats). Puis au fur et à mesure, on progresse et on atteint enfin un rapport équilibré 50-50.

C'est à partir de cet instant que le projet en vaut la peine : si vous parvenez à vous améliorer encore, vous compenserez votre investissement de départ en temps, patience, travail et énergie et atteindrez un rapport de 40 % d'investissement pour 60 % de résultats. Vous connaissez maintenant votre partie, vous apprenez et posez des questions, modifiez et rationalisez votre travail, et un jour vous en serez à 20 % de moyens pour 80 % d'objectifs.

Cette théorie découle du principe dit de Pareto d'après le nom de l'économiste qui l'a mis au point, Vilfredo Pareto. Selon les calculs de ce dernier, dans la plupart des activités, il est possible, en faisant preuve de créativité, en ayant un peu de succès et en exploitant ce succès de manière conséquente, d'aboutir à un haut rendement. Pour y parvenir, il est déterminant de se concentrer sur l'essentiel, de jouir d'un bon équilibre intérieur et de travailler dans des délais agréables, c'est-à-dire si possible sans être pressé par le temps, ni stressé.

Quand vous parvenez à ce rapport de 20 % de moyens pour 80 % de résultats, vous pouvez vous installer avec satisfaction dans une chaise longue et profiter de votre succès (et de votre travail).

☯ Du métier à la vocation

Travailler de manière créative et efficace, c'est d'autant plus facile que l'on fait son travail avec plaisir. Interrompez-vous de temps en temps pour vous demander si ce que vous êtes en train de faire vous comble réellement.

Il y a trois réponses possibles à cette réponse :
- **Votre travail vous satisfait pleinement**. Vous vous sentez à votre place et êtes sur la meilleure voie pour développer l'atmosphère détendue qui vous apportera encore plus de succès.
- **Votre travail n'est pas satisfaisant** et vous cherchez une activité qui vous plaise plus et dans laquelle vous vous retrouvez mieux.
- **Votre travail n'est pas satisfaisant**. Vous n'avez actuellement pas la possibilité d'en changer. Il ne vous reste plus qu'à avoir parallèlement un loisir vous permettant d'exprimer votre créativité et de recouvrer votre joie de vivre.

Il est important que vous fassiez quelque chose qui vous apporte de l'énergie. Dans le meilleur des cas, ce sera votre métier, si vous réussissez à l'exercer sans stress, sans être pressé par le temps, avec créativité et dans la joie. Sinon, un hobby peut remplir ce rôle et servir à recharger vos batteries. À moyen terme, essayez toutefois de gagner votre vie grâce à une activité dans laquelle vous vous reconnaissez dans l'ensemble et vous vous sentez bien.

◒ Exercice : trouver des sources d'énergie

Analysez votre passé et réfléchissez-y.
Quels sont les activités, les contacts et les circonstances de votre vie qui vous ont motivé ?
Quelles personnes et quels événements vous ont clairement fait avancer ?
Qu'est-ce qui vous a le plus amusé jusque-là ?
Où avez-vous eu le sentiment de vous trouver au bon moment au bon endroit ?

Notez ce qui vous vient à l'esprit et consultez la liste qui en résulte régulièrement. Laquelle des activités mentionnées exercez-vous encore aujourd'hui ? L'une de ces activités est-elle devenue votre métier ? Si la réponse est « non » : l'une d'elles est-elle devenue un hobby que vous pratiquez activement et régulièrement ?

Il est vital que vous ayez encore du temps libre en dehors de votre métier pour les loisirs. Peut-être y a-t-il parmi vos loisirs une activité que vous pourriez transformer en métier – en vocation ? En poursuivant cet idéal, vous aurez la motivation nécessaire pour changer ce qui ne vous satisfait pas.

> **Plus vous serez engagé et motivé dans votre travail, meilleurs seront vos résultats. Plus vous aurez la possibilité de prendre vos propres décisions, et plus calme et détendu vous serez à l'intérieur.**

Le mot magique : équilibre

Pour vaincre le stress, l'un des points les plus importants, c'est de trouver le juste équilibre. Tensions et stress sont fréquents dès que l'on n'en tient pas compte et qu'on en néglige la quête.

Inconsciemment, nous oscillons tous en permanence entre :
- Travail et vie privée.
- Effort et repos.
- Monde extérieur et monde intérieur.
- Volonté et sentiments.
- Caractéristiques masculines et féminines.
- Dépenses et revenus.

- Parler et écouter.
- Agir et se détendre.
- S'engager et prendre intérieurement ses distances.
- Ambition et patience.

Ces oppositions n'ont rien de définitif. Elles sont sans cesse en mouvement. Dans une entreprise, par exemple, il est nécessaire de procéder à un équilibrage entre services externe et interne : les deux doivent avoir le même poids et bénéficier des mêmes soins, l'un ne pouvant exister durablement sans l'autre. C'est le cas dans les entreprises artisanales dans lesquelles la femme du patron se charge, à la maison, de l'accueil téléphonique, de la comptabilité et de la correspondance pour garantir à son mari – qui est en relation avec les clients à l'extérieur – la logistique nécessaire. Essayez au cours de votre vie de tenir compte des oppositions telles celles de la liste ci-dessus et d'y maintenir un équilibre instable, mais harmonieux. Car si un élément prend le dessus pendant trop longtemps, cela finira par entraîner un dysfonctionnement de l'ensemble de la structure.

> En travaillant à temps votre équilibre, vous ne vaincrez pas seulement votre stress actuel, vous éviterez aussi les tensions futures.

Quand vos collègues vous stressent

Certes, se sentir détendu et être capable de réagir avec calme face aux situations stressantes est déterminant. Mais il est aussi vital de ne pas laisser ses collègues de bureau exercer la moindre pression sur soi. Beaucoup d'entre nous sont justement très sensibles à ce sujet. Nous avons peur du manque de reconnaissance, de ne pas réussir assez ou de ne pas être à la hauteur en comparaison avec les autres. Résultat : des rivalités, voire les problèmes de harcèlement moral qui sont si souvent évoqués.

Le plus simple – et en même temps le plus difficile à faire – est de ne pas entrer dans ce genre de jeu. Essayez de vous entendre avec les personnes qui ne sont pas dans les meilleures dispositions à votre égard et de les accepter. Finalement, peu vous importe que tout le monde vous aime ou pas.

Avant tout, il doit être clair pour vous que vous n'êtes pas responsable, par votre comportement, des réactions irritées ou arrogantes de vos collègues. Peut-être le collègue en question a-t-il des problèmes d'ordre privé, ou bien a-t-il eu une conversation désagréable avec votre chef ou doit-il faire face à des délais trop serrés ?

> **Ne prenez pas toujours les choses pour vous ! Souvent, des reproches présumés se révèlent des opinions subjectives.**

Pourquoi ne pas discuter tout simplement avec les collègues concernés ? Il est possible qu'une courte conversation amicale suffise à clarifier la situation. Saisissez la balle au bond avant que de sombres nuages ne se forment au-dessus de vous et ne viennent assombrir l'ensemble de votre vie professionnelle.

Soyez positif et flexible : ne considérez pas les collaborateurs énervants comme des sources de stress inévitables, mais plutôt comme un défi qui vous permettra d'apprendre à connaître vos limites personnelles et à les préserver. Dites-le clairement et poliment si quelqu'un vous dérange, concentrez votre énergie sur l'essentiel et ayez toujours conscience de ce qui compte à vos yeux : votre équilibre intérieur, votre santé et votre bien-être personnel.

Si quelqu'un vous critique, ce n'est pas forcément à raison. Les autres aussi ont des problèmes. Souvenez-vous-en : vous aborderez ainsi vos adversaires avec plus de générosité et l'esprit plus détendu. Commencez par respirer profondément : vous réagirez mieux dans les situations difficiles.

Il existe, pour finir, de nombreux ouvrages qui vous enseigneront comment prévenir les conflits qui menacent, comment se comporter au mieux en cas de conflit déclaré et comment le résoudre de manière constructive.

⊃ Retrouver le calme

Après une discussion houleuse, le plus important est de retrouver ses esprits. Ce n'est pas le bon moment pour une explication objective. Ne prenez aucune décision tant que vous êtes énervé et que vous n'avez pas les idées claires. Dans la mesure du possible, évitez de prévoir trop rapidement un nouvel entretien avec votre interlocuteur. Prenez au moins une heure, de préférence plus, pour prendre du recul. Vous devez avant tout restaurer votre équilibre émotionnel. Si nécessaire, laissez passer une nuit, après quoi vous pourrez réfléchir à la suite à donner et élaborer une stratégie.

⊃ Relâcher la pression

- Allez dans un endroit où vous pourrez être seul, sans être dérangé par personne.
- Transférez vos appels téléphoniques et activez la messagerie de votre portable.
- Inspirez et expirez profondément jusqu'à ce que vos muscles se détendent et que votre respiration soit plus fluide. Bougez votre tête et vos bras en pensant à autre chose.

- Si vous avez quelques instants, regardez par la fenêtre et concentrez votre attention uniquement sur ce que vous voyez.
- Prenez l'air si vous le pouvez. Marchez d'un pas rapide afin de stimuler votre circulation sanguine. Cinq à dix minutes suffisent généralement pour retrouver une certaine maîtrise.
- Si vous n'en avez pas le temps, montez des escaliers en enjambant plusieurs marches à la fois. Parcourez rapidement plusieurs étages. Vous devez être à bout de souffle. Si cela ne suffit pas : recommencez. Vous réduirez ainsi votre taux d'adrénaline.
- Boire aide également à se détendre. Dans une telle situation, évitez le café, le thé et bien sûr l'alcool. Préférez par exemple de l'eau minérale fraîche ou un jus de fruits. Concentrez-vous uniquement sur le fait de boire à petites gorgées.
- Si vous êtes dans une rage folle, seuls de puissants contre-stimuli pourront vous aider à atteindre un autre niveau émotionnel. Ces stimuli activent d'autres influx nerveux, qui vous détournent de votre colère. Celle-ci étant occultée pendant quelques instants, vous pouvez retrouver votre calme, notamment en vous épuisant physiquement pour libérer votre agressivité (jogging par exemple).

Pour votre bien-être, des techniques de relaxation à long terme

Les méthodes rapides vous aideront en cas de crise de stress aiguë, mais pour se débarrasser du stress à long terme, il faut fouiller un peu plus dans le coffre aux trésors des techniques de relaxation. Quelle est celle qui vous convient ? Et comment l'apprend-on au mieux ?

Qu'offrent les techniques de relaxation ?

La relaxation consciente du corps, de l'esprit et de l'âme présente de prime abord deux avantages :
- Elle permet de compenser un quotidien souvent frénétique et stressant.
- Et elle constitue le meilleur moyen de parvenir à travailler avec concentration et efficacité.

Peut-être connaissez-vous déjà ou avez-vous tout au moins entendu parler de telle ou telle méthode de relaxation, que ce soit la méditation, le training autogène, la relaxation musculaire progressive, le yoga ou la psychothérapie imaginative catathyme. Laquelle est la mieux adaptée à vos besoins ? La réponse est très simple et non moins déterminante :

> La méthode qui vous paraît la plus agréable sera aussi la plus prometteuse et la plus efficace pour vous.

☮ Les avantages d'une relaxation méthodique

Lorsque vous pratiquez une méthode de relaxation, cela signifie, contrairement à ce qui se passe lorsque vous prenez de simples mesures d'urgence, que vous travaillez à vaincre votre stress de manière :

a. plus intense ;
b. plus régulière ;
c. et à long terme.

Dans l'idéal, vous devez pratiquer la relaxation tous les jours à heure fixe. Cela doit constituer une sorte de rituel. Plus vous pratiquez un type de relaxation et plus votre organisme et surtout votre subconscient s'y habituent. Leur réaction sera comme gravée en vous et avec le temps, elle s'éveillera plus rapidement.

Exemple : la mélodie relaxante

Supposons que vous puissiez prendre régulièrement une courte pause-déjeuner et que, pour vous détendre, vous écoutiez toujours pendant celle-ci le même morceau de musique. Si, un jour, vous entendez ce morceau dans un autre environnement, par exemple lors d'un vernissage, vous constaterez que vous vous sentez brusquement merveilleusement détendu et peut-être même un peu fatigué. Votre subconscient aura immédiatement relié cette musique à la situation qui lui est habituellement associée (« relaxation ») et réagi en conséquence.

Beaucoup de méthodes de relaxation comme le training autogène et la relaxation musculaire progressive suivent un processus précis avec lequel le corps se familiarise rapidement. Nous vous expliquerons comment tirer profit de ce phénomène ci-après dans le descriptif détaillé de chaque méthode.

En pratiquant régulièrement la relaxation à l'aide d'une méthode éprouvée, vous prenez en charge l'ensemble de votre organisme. Vous lâcherez prise de manière plus profonde et durable ; et votre corps aura enfin un peu de temps pour se régénérer ; votre esprit et votre âme, quant à eux, s'isoleront plus rapidement pour prendre leurs distances vis-à-vis du quotidien et de ses exigences, ce qui vous fera du bien.

C'est ainsi que vous pourrez recouvrer les forces nécessaires pour réagir de manière plus calme et détendue la prochaine fois que vous vivrez une situation stressante. Vous supporterez mieux les épisodes de stress et les demandes de performances à répétition que si vous ne vous aidez que de mesures d'urgence ou en faisant de la « gestion de crise ».

☺ Prendre des vacances au niveau alpha

À partir du moment où vous vous isolez quotidiennement (et régulièrement) ne serait-ce que quelques minutes et utilisez l'une de ces techniques de relaxation, vous en ressentirez les effets bienfaisants et verrez comment un équilibre certes instable se met en place entre votre monde intérieur et l'extérieur. Vos sens, qui auparavant étaient dirigés vers votre environnement, vont se tourner vers vous et se concentrer sur votre univers mental. Vous passerez dans ce que l'on appelle l'état alpha : votre cerveau ne produira plus d'ondes bêta comme lorsqu'il est en état de veille actif (plus de 14 oscillations/seconde) mais seulement des ondes alpha (entre 7 et 14 oscillations/seconde) ; néanmoins, vous ne serez pas endormi, tout au plus légèrement « ailleurs ». C'est dans cet état de relaxation que l'on est pendant les premières vingt minutes suivant l'endormissement.

Si vous entrez consciemment dans cet état au cours de la journée, vous parviendrez à vous remettre très facilement du stress quotidien et à reprendre des forces. Par ailleurs, il a été prouvé que :

C'est au niveau alpha que le cerveau fonctionne le mieux !

Malgré la moindre fréquence des ondes cérébrales, le sujet est parfaitement conscient. Vous pouvez donc facilement et sans effort stimuler votre créativité, développer votre mémoire, renforcer votre motivation, chercher des solutions, exercer votre intelligence, etc. Dans l'état alpha, vous êtes naturellement concentré ! De récentes recherches ont été faites sur la facilité d'apprentissage en état de relaxation : de nouveaux livres ont été écrits sur ce thème et des programmes de formation développés. La méthode pourrait bientôt faire une concurrence sérieuse aux techniques d'enseignement courantes. Les rêves éveillés faits en état de relaxation surprennent par leur productivité : imagination et créativité travaillent à plein régime et ne sont pas freinées ou détournées de leur objectif par des détails insignifiants.

⊙ Comment apprendre à se relaxer

Il y a deux possibilités : soit vous apprenez les méthodes courantes, seul, à l'aide de livres, de DVD, de CD ou de cassettes, soit vous suivez un cours. Nous vous recommandons, en tout cas au début, de prendre des cours. Ces cours sont plus ou moins intensifs et longs selon la méthode choisie. Mais nous reviendrons sur ce point avec plus de précision dans les descriptions individuelles ci-après. Vous trouverez des cours de relaxation auprès de professeurs particuliers, d'organismes privés ou publics, voire dans les grands gymnases-clubs et les centres de bien-être.

Suivre un cours de relaxation, même si ce n'est qu'une fois par semaine, présente toute une série d'avantages par rapport à la méthode autodidacte.

- Vous recevez des indications détaillées de la part d'un professeur formé.
- Vous disposez d'un interlocuteur capable de vous renseigner immédiatement en cas de questions.
- Les membres du groupe peuvent se soutenir et se motiver les uns les autres.
- Effet secondaire appréciable : vous vous apercevez que vous n'êtes pas seul avec vos ennuis et vos peines. Les autres participants au cours vivent souvent des situations semblables à la vôtre.
- Du fait des horaires réguliers des cours, c'est plus facile pour vous de ne pas lâcher prise que si vous pratiquiez seul.

L'avantage, cependant, si vous décidez de faire une entrée en matière à l'aide de livres ou d'autres supports, c'est que vous pourrez organiser librement votre temps : vous vous relaxerez dès que votre planning vous le permettra et ne serez pas soumis à des horaires fixes. D'après notre expérience, toutefois, c'est une donnée qu'il vaut mieux négliger, car le danger est beaucoup plus grand que vous annuliez l'une de vos séances « aujourd'hui exceptionnellement » et que vous perdiez le rythme, que si vous suivez un cours.

Comme nous l'avons déjà dit plus haut, dix minutes par jour, c'est mieux et plus efficace qu'une heure par semaine. Et si en plus des dix minutes, vous pouvez vous exercer régulièrement sous la direction d'un professeur, plus rien ne saurait vous empêcher de vous détendre et de vous régénérer.

Vaincre le stress par la méditation

Un élève a demandé un jour à son maître zen comment il devait méditer. Le maître a réfléchi longuement et lui a demandé : « Lorsque tu as pensé une pensée jusqu'au bout et que la pensée suivante n'a pas encore commencé, ne constates-tu pas la présence d'un petit espace vide ? » « Si », a répondu l'élève. « Va dans cet espace et prolonge-le, a expliqué le maître, c'est cela la méditation. »

☉ Simplement « Être »

Cette petite histoire vise à expliquer la nature même de la méditation : il s'agit d'être dans la réalité, sans intentions, sans donner libre cours à la moindre pensée. Pendant quelques instants, on interrompt tout et on observe son être propre et le méli-mélo de ses pensées, à distance, sans juger.

En temps normal, vous êtes constamment en mouvement : corps, esprit et âme sont en activité permanente et souvent occupés par plusieurs événements simultanés, tant et si bien qu'il leur est difficile de différencier ce qui a de l'importance de ce qui n'en a pas.

Vous allez, par exemple, à la cantine avec un collègue, vous vous entretenez avec lui au sujet d'une conférence imminente, et dans votre for intérieur plane en même temps un sentiment d'anxiété inexpliqué, parce que vous n'avez pas encore préparé les dossiers nécessaires. Simultanément, vous prenez votre repas sans prêter attention à ce que vous avalez. La routine du quotidien suit son cours à l'extérieur sans que vous vous aperceviez de la confusion qui règne en vous.

Faites le petit test suivant, si possible immédiatement.

⊚ Exercice : observer sa pensée

Asseyez-vous dans un endroit tranquille et fermez les yeux. Observez pendant environ cinq minutes les pensées qui vous passent par la tête.

Ne faites rien d'autre, contentez-vous d'observer, d'examiner, de laisser les pensées aller et venir sans les juger ni les poursuivre.

Il est probable qu'un certain désordre règne dans votre tête : vos différentes pensées, vos sentiments, vos souvenirs, diverses situations, les dires des autres, vos jugements et ceux des autres… vous passez du coq à l'âne et tout émerge en même temps. En apprenant à prendre vos distances intérieurement par la méditation, vous courrez moins le danger de vous laisser envahir par ce chaos. Soyez donc, pendant un laps de temps, le simple observateur de votre monde intérieur, considérez ce qui est, sans juger.

Selon les spécialistes de la méditation, il vous sera plus facile d'entrer en état de méditation en suivant les quatre étapes suivantes :
1. Se détendre
2. Se concentrer
3. Observer
4. Être

Il s'agit d'actions parfaitement naturelles que vous pratiquez certainement des dizaines de fois par jour… mais pas consciemment ni dans cet ordre bienfaisant. Vous retrouverez ces quatre étapes dans les exercices suivants. Faites des essais au calme pour trouver ce qui vous convient et ce qui vous aide à trouver la paix intérieure.

⊕ Mini-méditation pour tous les jours

Aucune préparation n'est nécessaire pour ces exercices. Néanmoins, c'est mieux de ne pas être dérangé et d'avoir entre cinq et dix minutes rien que pour soi.

⊙ Exercice : mini-méditation en quinze minutes (selon T. Jeanmaire)

Se détendre

La première opération de la relaxation consiste à se secouer. Mettez-vous debout, les pieds écartés de la largeur des épaules, fléchissez légèrement les genoux et secouez vos bras, vos mains, vos jambes et votre torse. Ensuite, asseyez-vous confortablement et bien droit soit sur une chaise soit en tailleur sur un coussin.

Se concentrer

Fermez les yeux très lentement. Votre regard doit être tourné vers l'intérieur à présent. Inspirez et expirez calmement environ à cent reprises. Le temps qui s'écoule vous appartient et vous vous concentrez exclusivement sur votre respiration.

Observer

Observez les très fréquentes pensées qui vous passent par la tête, mais ne vous accrochez à aucune d'entre elles.

Observez aussi quels sont les sentiments qui dominent et retenez-les. Vous êtes sur le siège du spectateur face à votre monde intérieur, comme si vous étiez en dehors de celui-ci. Cela vous permet d'acquérir la distance dont vous avez besoin pour ne pas toujours réagir plus ou moins en fonction de votre environnement et de faire ce qui vous convient vraiment.

Être

Pendant 50 respirations, répétez de manière inaudible le mot « maintenant » en expirant. Et concentrez-vous sur le présent avec autant d'intensité que vous le pouvez.

Conclusion

Après 50 inspirations, retenez l'air dans votre corps aussi longtemps que vous le pouvez, puis expirez bruyamment et ouvrez les yeux.

Cet exercice peut être pratiqué tous les jours sans souci. Il ne nécessite pas beaucoup de temps et permet de clarifier votre état de conscience dans la situation momentanée dans laquelle vous êtes. Il ne fera pas disparaître vos tâches et vos obligations dans les airs, mais il vous aidera sans aucun doute à en venir à bout.

◐ Méditation respiratoire

La technique respiratoire pure n'exige que peu d'entraînement et permet de se relaxer en quelques minutes à peine.

Installez-vous confortablement, fermez les yeux et concentrez-vous sur votre respiration. Ne faites rien d'autre. Il faut que vous ne l'influenciez d'aucune manière que ce soit. Observez uniquement votre rythme respiratoire naturel.

C'est la version la plus simple de l'exercice ; elle sert de base à toutes les variantes. Toutes ont en commun de pouvoir être utilisées à tout instant et quel que soit le lieu où l'on se trouve. Vous pouvez vous concentrer sur votre respiration dans le bus, lors d'une petite pause au bureau, à la station-service, ou dans la file d'attente à la caisse du supermarché, sur le fauteuil du dentiste ou encore quand votre supérieur vous fait patienter devant l'entrée de son bureau. Dans de telles situations, une petite méditation respiratoire en toute discrétion vous permettra de fuir brièvement votre quotidien, de vous en distancier un peu et de vous détendre.

Rapidement, votre respiration ralentira, les temps de pause entre inspiration et expiration se rallongeront et une certaine sérénité se répandra dans l'ensemble de votre corps. Vous ressentirez cet effet d'autant plus nettement que vous ne serez pas dérangé pendant votre séance. Laissez-vous porter par la douce alternance des inspirations et des expirations ; ce faisant, pensez aux vagues de la mer ou à un lent mouvement de balancier et suivez-en le rythme agréable.

Plus vous vous concentrerez consciemment sur votre respiration et plus vous la laisserez se faire tout simplement, plus elle ralentira et plus facilement vous serez envahi par une sensation de calme. Ce calme à son tour aidera votre respiration à ralentir. Un cycle bienfaisant se mettra en place qui vous permettra de lâcher prise.

Essayez donc vous-même avec l'exercice suivant.

➲ Exercice : respiration concentrée

Asseyez-vous ou allongez-vous dans un endroit où vous ne serez pas dérangé pendant quelques minutes et comptez vos inspirations. Comptez de 1 à 10 et quand vous êtes arrivé à 10, recommencez depuis le début. Concentrez-vous exclusivement sur votre respiration.

Cet exercice semble très simple et il l'est. À condition que vous ne soyez pas trop exigeant au départ avec vous-même.

En effet, vous ne réussirez probablement pas à ne penser qu'à compter vos inspirations uniquement. Dès la troisième ou la quatrième respiration, au plus tard, d'autres pensées relatives à votre quotidien vont se glisser dans votre esprit. Et c'est là qu'intervient l'art de la méditation.

- Laissez ces pensées passer tout simplement comme des nuages poussés par un léger vent dans un ciel d'été.
- Ne leur prêtez aucune attention, ne les laissez pas s'emparer de vous.
- Vous n'êtes pas ces pensées, vous les observez, c'est tout. Ces pensées sont une partie de vous qui n'a aucune importance dans le moment présent.
- Il ne s'agit pas, dans cet état de concentration, d'être « libéré de toute pensée », mais de toujours revenir à sa respiration.

Si vous suivez ces conseils, au fur et à mesure que vous vous exercerez, vous remarquerez qu'il vous est de plus en plus facile de vous distancier, pendant un petit laps de temps, de vos pensées.

⊙ **Exercice : inspirer et expirer consciemment**

Les indications suivantes vous paraîtront peut-être plus faciles encore. En effet, comme elles sollicitent la capacité de concentration, elles laissent dès le départ moins d'espace aux pensées qui voudraient éventuellement surgir dans votre esprit.

Imaginez, si possible les yeux fermés, que vous ne pouvez inspirer que par une seule narine et expirer que par l'autre. Et que vous soyez obligé d'alterner comme suit :

1. l'air rentre par votre narine gauche et ressort par la droite ;
2. l'air rentre par votre narine droite et ressort par la gauche ;
3. l'air rentre par votre narine gauche et ressort par la droite ;
4. l'air rentre par votre narine droite et ressort par la gauche ;
5. l'air rentre puis ressort enfin par vos deux narines à la fois.

Ensuite, recommencez depuis le début.

Cet exercice peut se pratiquer discrètement dans de nombreuses situations. Votre attention étant dirigée sur le processus, elle passe du monde extérieur à votre monde intérieur ; et vous vous détendez.

Les techniques de méditation respiratoire telles celles présentées ci-dessus peuvent être pratiquées seul sans problème. Une autre variante très simple consiste par exemple à s'allonger calmement et à suivre le chemin de l'air dans son corps : il passe par le nez, le cou et les poumons dans la poitrine et dans l'abdomen, puis il refait lentement le chemin à l'envers. Vous pouvez aussi imaginer que vous respirez par le dos et guider l'air inspiré vers un endroit douloureux de votre corps, etc.

Vous pouvez inventer de nouvelles variantes à volonté et laisser votre imagination vous stimuler. Ce qui compte avant tout, c'est de vous faire du bien, de sentir combien votre respiration se régule grâce à l'exercice et de constater que votre organisme tout entier se relâche enfin.

⏺ La méditation en mouvement

Pour beaucoup, il est plus facile d'atteindre le calme intérieur *via* des techniques de méditation plus dynamiques. Des gestes exécutés consciemment vont renforcer le ressenti du corps. Le mouvement élimine les premières tensions manifestes. C'est parfois plus simple d'atteindre la sérénité intérieure et de se relaxer de cette manière plutôt que de s'asseoir et de vouloir être calme et immobile immédiatement.

La mini-méditation évoquée plus haut commence elle aussi par le secouement du corps. Vous pouvez tout à fait intensifier cette phase.

↻ Exercice : se secouer pour évacuer les tensions

Debout, les pieds fermement ancrés dans le sol et écartés de la largeur des épaules, les genoux légèrement fléchis, secouez vos bras et vos jambes, votre tête et vos épaules pendant dix minutes. Évacuez toutes les tensions des heures passées, libérez votre corps en le secouant.

Puis asseyez-vous dans un endroit calme et concentrez-vous pendant cinq minutes sur votre respiration.

Pour respirer, utilisez une technique qui vous est agréable : la respiration alternée, compter ses inspirations ou suivre le parcours de l'air inspiré dans son corps. Expérimentez un peu et déterminez ce qui vous convient le mieux.

Beaucoup de personnes trouvent plus facile de se distancier du monde extérieur pour se concentrer sur leur monde intérieur *via* le mouvement. En secouant votre corps, vous éliminez immédiatement les pensées pesantes. Ici, le contraste entre mouvement et immobilité n'est pas aussi marqué que dans d'autres exercices.

Voici, ci-dessous, la description un peu plus détaillée d'une méditation de mouvement que vous pouvez adapter à votre cas ou dont vous pouvez inventer des variantes. Si vous le souhaitez, cherchez les divers morceaux de musique nécessaires et enregistrez-les sur une cassette de sorte à pouvoir exécuter l'exercice sans interruption et à mieux méditer.

Il vous faut trois types de musique :
- Phase 1 : des sons gais et dynamiques ;
- Phase 2 : une musique qui vous donne envie de danser ;
- Phase 3 : une douce musique de fond (« sphérique ») ;
- Éventuellement phase 4 : silence.

☺ Exercice : revenir au calme par phases

Phase 1 : secouez votre corps pendant environ dix minutes (comme expliqué ci-dessus).

Phase 2 : dansez pendant dix à quinze minutes. Sentez l'énergie à laquelle le secouement vous a donné accès et exprimez vos sentiments dans vos mouvements.

Phase 3 : pendant dix à quinze minutes, assis ou allongé calmement, vous vous laissez simplement pénétrer par la musique.

Éventuellement, phase 4 : identique à la phase 3 mais avec le silence.

Cet exercice peut être modifié en fonction des besoins des uns et des autres. Peut-être préférerez-vous vous secouer uniquement puis profiter du calme, ou bien danser pendant longtemps et ne vous laisser envahir que peu de temps par la musique ensuite, voire passer de la danse directement au silence. Faites des essais pour trouver ce qui vous convient le mieux.

Si vous êtes énervé, remplacez la phase de danse par une phase plus énergique pendant laquelle vous sauterez, vous déchaînerez, crierez, ferez du bruit, comme un « dingue » (à condition que votre environnement s'y prête…) et laisserez s'évacuer votre énergie. Dans ce cas, choisissez de préférence une musique très vive qui tourbillonne avec, par exemple, des sons de la forêt vierge ou des percussions bruyantes. Ce qui compte, c'est que vous preniez le temps, en début d'exercice, de vous distancier du quotidien, puis en fin d'exercice, de rester seul un moment au calme.

Au début, il peut être plus agréable de faire ce type d'exercice au sein d'un groupe de méditation. D'une part, vous y trouverez vraisemblablement l'espace nécessaire pour bouger et faire du bruit. D'autre part, la première fois, il faut du courage pour suivre les indications données sans détour et se mouvoir librement. Au sein d'un groupe où tous font la même chose, cela peut se révéler plus facile que seul à la maison. Chez soi, si on a l'impression d'être ridicule, on peut vite être tenté d'abréger l'exercice. Au sein d'un groupe, on se laisse plus facilement convaincre de faire quelque chose d'inhabituel. Or, c'est la seule manière pour que vous ressentiez à la fin l'effet reposant de cet exercice sur votre corps. Il est dans tous les cas recommandé de garder les yeux fermés ou de porter un bandeau par-dessus.

⊛ Effet de la méditation en mouvement

La méditation en mouvement élimine rapidement les tensions qui se glissent souvent à l'intérieur du corps sans qu'on les remarque, en particulier en cas de stress. À la fin de la séance, vous vous sentirez empli d'une nouvelle énergie, l'esprit frais et clair.

Attention, n'abandonnez pas après le premier essai si vous avez l'impression de ne pas être doué pour ce type de relaxation. Réessayez calmement à un autre moment. Selon votre état, une méthode de relaxation peut vous être plus utile aujourd'hui et une autre demain. Cela ne peut donc pas vous faire de mal, avec le temps, de travailler sur un large éventail de méthodes.

On ne trouve malheureusement pas encore de cours de méditation à tous les coins de rue. Mais sur Internet ou dans les annexes des ouvrages spécialisés sur ce sujet, vous trouverez des adresses. Il existe aussi de plus en plus de groupes de méditation indépendants qui se rencontrent régulièrement : les participants méditent ensemble sous la direction d'une personne expérimentée. Vous en trouverez les adresses dans les journaux régionaux ou la presse spécialisée dans ce domaine.

Les boutiques spécialisées proposent encore une grande variété de cassettes et de CD de méditation qui vous donneront les indications nécessaires. Demandez conseil sur place aux vendeurs.

Les méthodes classiques

En pratiquant ce que nous appelons « les méthodes classiques de relaxation », vous deviendrez plus sensible aux états de stress sur les plans physique, intellectuel et émotionnel. Ce discernement, vous pourrez l'exploiter au quotidien, si bien que vous serez de plus en plus vite conscient de votre état et saurez si vous allez bien ou non.

Vous serez aussi de plus en plus capable d'influencer cet état, de percevoir quand vous êtes tendu et de réagir en suivant la méthode de votre choix.

Les techniques suivantes doivent être pratiquées au début dans un groupe jusqu'à ce que l'on en connaisse parfaitement les applications et les processus. Ensuite, on peut travailler seul chez soi. Cela n'exclut pas naturellement de s'exercer à la maison pendant la phase d'apprentissage, parallèlement au cours. Plus vous le ferez régulièrement, plus vous réussirez à vous détendre vite et avec efficacité.

⬇ La relaxation musculaire progressive selon Jacobson

Il s'agit d'une technique de relaxation moderne mise au point à la fin des années trente par Edmund Jacobson à l'université de Chicago. Depuis, cette méthode a été améliorée et modifiée sous certains aspects.

La relaxation musculaire progressive prévoit d'abord de mobiliser seize groupes musculaires différents, les uns après les autres, puis de les détendre à nouveau au bout de quelques secondes. S'ensuit une courte pause au cours de laquelle le sujet prend intensivement conscience de sa relaxation intérieure.

Le contraste net entre la contraction et la décontraction des muscles provoque rapidement un état de bien-être général : corps, esprit et âme se calment et se détendent.

Les indications de cet exercice ressemblent à des enchaînements de mouvements comme ceux que vous avez peut-être déjà vu pratiquer en musculation. La seule chose à faire en plus est de se concentrer sur la sensation de relâchement entre les phases de contraction.

Certaines personnes qui éprouvent des difficultés avec d'autres méthodes (telles que le training autogène, les exercices de respiration ou la méditation) parviennent du fait de la simplicité des indications à atteindre rapidement et durablement un état agréable de relaxation. En outre, en cours, le professeur vous exhorte à vous concentrer sur la perception que vous avez de votre corps et sur vos sensations. Ainsi, vos pensées et vos soucis n'ont plus la possibilité d'interférer.

Afin que vous ayez une idée concrète de cette méthode, en voici un exercice détaillé (proposé par un spécialiste allemand en la matière, A. Olschewski).

❯ Exercice : relaxation musculaire progressive

Asseyez-vous sur une chaise confortable qui vous permette de vous relâcher. Veillez à ce que la chaise vous porte, même si l'ensemble des groupes musculaires de votre corps est détendu. La séance commence en se concentrant sur divers groupes de muscles que vous devrez contracter avant de les relâcher intensivement et de les garder détendus.

Commençons par la main droite et l'avant-bras droit. Serrez votre poing droit et contractez les muscles de votre main droite et de votre avant-bras droit au maximum. Concentrez-vous sur cette tension intense, maintenez-la un peu (5 à 7 secondes) et relâchez maintenant à nouveau… (15 à 20 secondes de pause).

Répétons l'exercice. Serrez maintenant le poing droit et contractez aussi l'avant-bras droit… (30 à 40 secondes de pause).

Venons-en au bras droit que vous pouvez contracter en pressant votre bras plié contre votre cage thoracique et en contractant fortement les muscles du bras. Veillez, ce faisant, à ce que les muscles de l'avant-bras et de la main restent détendus. Augmentez la contraction et tenez encore quelques secondes puis relâchez.

Passons à la main gauche et à l'avant-bras gauche… Puis au bras gauche…

Ensuite, c'est aux muscles de la face de se détendre : tendez vos sourcils vers le haut et contractez la région du front et du haut du crâne. Le thérapeute gagne ici à faire la démonstration de l'exercice devant son patient.

On tend ensuite les parties moyennes de la face en fermant les yeux avec fermeté tout en retroussant le nez de sorte à contracter l'ensemble de cette région du visage.

Pour contracter le tiers inférieur de la face, on serrera fermement les dents et on crispera la commissure des lèvres vers le bas en direction du cou et de l'extérieur.

C'est au tour des muscles du cou que l'on contracte en poussant le menton en direction de la poitrine tout en exerçant une tension contraire dans la nuque, de sorte que la contraction des muscles antérieurs du cou soit compensée par celle des muscles de la nuque.

Ensuite, on mobilisera les muscles des épaules, de la poitrine et du haut du dos, en serrant les épaules en arrière vers le dos et les omoplates vers l'intérieur. En même temps, on contractera les muscles de la poitrine, ce qui tirera légèrement les épaules vers le bas.

Contractez maintenant les abdominaux en durcissant votre ventre et en même temps résistez avec les muscles lombaires pour que votre tronc ne parte pas vers l'avant (ce qui arriverait si seuls les abdominaux étaient contractés).

À présent, passons aux muscles de la cuisse droite : contractez le muscle antérieur comme si vous vouliez tendre votre jambe et résistez en même temps avec le muscle postérieur. Vous pouvez, ce faisant, soulever votre jambe du sol et l'étendre un peu vers l'avant. Si vous éprouvez des difficultés à contracter ces deux groupes de muscles, vous pouvez reposer votre jambe au sol et faire comme si vous vouliez creuser un trou dans le sol et/ou pousser le sol vers l'avant.

Nous arrivons maintenant au mollet droit : étirez vos orteils en direction de votre tête tout en contractant votre mollet pour exercer une force contraire.

Restent les muscles du pied droit : levez légèrement le pied du sol puis étirez-le en direction du sol, fléchissez les orteils et tournez en plus le pied légèrement vers l'intérieur. Contractez au maximum les muscles du pied.

Passez à la cuisse gauche... Puis contractez le mollet gauche... Et redressez les orteils du pied gauche...

Pour terminer, restez assis, souple et détendu, pendant quelques minutes et avec tous vos sens en éveil, essayez de percevoir les changements qui se sont produits en vous et ceux que vous pouvez encore observer. Étirez-vous, bâillez éventuellement. Veillez à sortir de l'état dans lequel l'exercice vous a plongé et à revenir à la réalité complètement détendu.

Cette méthode, qui demande au corps beaucoup d'énergie, détend et rafraîchit en même temps l'esprit : souvent, après avoir fait les exercices, les personnes qui suivent des cours de relaxation musculaire progressive prennent conscience que leurs muscles sont étonnamment tendus alors que les conditions extérieures sont sereines. Il est souvent impossible de réduire ce type de tension musculaire volontairement et spontanément. Ce n'est qu'en contractant complètement le groupe de muscles concerné puis en le relâchant que le corps se détend enfin.

La relaxation musculaire progressive ne stimule pas seulement la sérénité et l'équilibre intérieurs ; elle permet aussi d'améliorer la mobilité générale et l'endurance. L'apprentissage en groupe sous la direction d'un thérapeute formé puis à la maison de façon autonome permet de bien dominer la technique. Progressivement, une sérénité intérieure s'installe qui peut mener à une nette réduction du stress tel qu'il est ressenti de manière subjective. En cours, vous pratiquerez aussi en position allongée. Vous apprendrez, avec un peu d'expérience, comment les groupes de muscles peuvent être réunis et réduits au nombre de sept ou de quatre. Lorsque vous aurez atteint le niveau supérieur, vous pourrez même vous épargner la contraction et le relâchement réels des différents muscles, en prenant conscience des groupes de muscles concernés et en les décontractant « uniquement » mentalement. Cette relaxation mentale se transmettra de manière palpable au ressenti corporel.

On peut suivre un cours de relaxation musculaire progressive en cinq à huit séances. Les exercices proposés sont parfaitement adaptés aux débutants, en particulier si vous n'avez jamais eu affaire à ce type de méthode auparavant.

☽ Training autogène

Le mot « autogène » vient du grec autogenês, qui signifie « existant par soi-même ». Le concept de training autogène repose sur l'idée que les impulsions externes déclenchent des processus internes qui alors se génèrent eux-mêmes. Cette méthode inspirée de l'hypnose a été élaborée dans les années trente par J.H. Schultz à Berlin.

Elle se décompose en six phases d'exercices dont nous vous présenterons les deux premières en détail. Grâce aux suggestions du thérapeute, le patient ressent rapidement les sensations de calme, de lourdeur et de chaleur. La sensation de lourdeur naît du relâchement des muscles ; la sensation de chaleur apparaît lorsque les vaisseaux sanguins se dilatent et qu'un flux de sang plus important peut y circuler. Pour que le corps tout entier se calme, comme s'il était en état de sommeil nocturne, il faut uniquement que le sujet se concentre de la bonne manière.

Le training autogène ne sert pas seulement à la relaxation générale, il permet d'augmenter les capacités mentales et de concentration. Comme d'autres, il est considéré comme une méthode importante de la médecine préventive.

Les deux exercices de base (relâchement musculaire et dilatation des vaisseaux sanguins) améliorent manifestement la résistance de l'organisme et renforcent les défenses immunitaires.

Voici les différentes phases à acquérir :
• Relaxation musculaire (sensation de lourdeur)
• Dilatation des vaisseaux sanguins (sensation de chaleur)
• Respiration calme
• Rythme cardiaque régulier
• Sensation de chaleur dans les organes internes (plexus solaire)
• Sensation de fraîcheur sur la tête (front frais)

Le patient ne parvient pas à ces états par sa volonté consciente, laquelle provoquerait des tensions actives, mais uniquement en se concentrant sur des représentations particulières. Voici un exercice préalable qui explicitera ces propos.

⊃ **Exercice : le mouvement par la concentration**

Appuyez-vous sur vos coudes en tenant, du bout des doigts, un fil sur lequel vous avez accroché un petit objet. Essayez à présent, sans faire quoi que ce soit en ce sens, de mouvoir ce pendule dans une direction particulière, uniquement grâce à votre imagination et à votre concentration.

Vous constaterez que c'est très simple. Pour être certain du résultat, après un petit moment, changez la direction du mouvement, et faites en sorte que l'objet se balance de gauche à droite par exemple ou bien en cercle au lieu d'avant en arrière. Demandez-vous ce que cela vous fait d'influencer ces oscillations grâce à votre concentration.

Cette expérience permet de constater que le recueillement et la concentration consciente peuvent provoquer une réaction visible voire un mouvement. C'est ce principe qui est au cœur du training autogène : en vous concentrant pour que vos muscles soient le plus détendus possible, vous faites en sorte qu'ils se détendent réellement. Et vous ressentez une sensation de lourdeur et de relaxation.

Cette lourdeur, vous ne pouvez la provoquer autrement que par la concentration. De la même manière, il ne vous est pas possible de vous endormir consciemment ; vous ne pouvez que vous abandonner au sommeil. Pour mieux comprendre ce phénomène, faites l'exercice suivant.

☉ Exercice : la chaleur par la concentration

Veillez à ne pas être dérangé pendant quelques minutes et allongez-vous confortablement. Concentrez-vous ensuite sur les formules suivantes et répétez-les mentalement :

- Je suis calme. Je suis tout à fait calme.
- Mon bras droit est agréablement lourd (à répéter 3 à 4 fois).
- Mon bras gauche est agréablement lourd (à répéter 3 à 4 fois).
- Je suis calme. Je suis tout à fait calme.
- Mes deux bras sont agréablement lourds (à répéter 3 à 4 fois).
- Je suis calme. Je suis tout à fait calme.
- Mes deux jambes sont agréablement lourdes (à répéter 3 à 4 fois).
- Je suis calme. Je suis tout à fait calme.
- Mes bras et mes jambes sont agréablement lourds (à répéter 3 à 4 fois).
- Mon corps tout entier est agréablement lourd (à répéter 3 à 4 fois).

Restez ensuite environ deux minutes dans cet état de relaxation agréable puis exécutez les étapes suivantes – c'est ce qu'on appelle la reprise – : étirez-vous énergiquement, inspirez et expirez deux à trois fois profondément, puis rouvrez les yeux.

La première fois, peut-être ne sentirez-vous pas tout de suite une chaleur intense dans vos bras et vos jambes. Néanmoins, cet effet apparaît vite dès qu'on s'exerce régulièrement.

> Avec le training autogène, il est important d'être très régulier : le corps réagira d'autant plus vite et avec d'autant plus de fiabilité à l'incitation à la relaxation que la séance de training autogène sera devenue – dans l'idéal – une étape fixe de la journée.

Les trois dernières étapes de la reprise doivent être réalisées dans un état de relaxation agréable : ce n'est que de cette manière que votre subconscient peut revenir à la réalité du quotidien et à une réactivité normale. L'importance de ces dernières étapes est décrite dans la littérature spécialisée ; nous vous recommandons cependant de suivre un cours, ici aussi, pour vous familiariser avec ce processus sous la direction compétente d'un professeur.

Les avantages du training autogène :

- Il permet de se reposer et de se détendre en très peu de temps ; quelques minutes de training autogène équivalent à une à deux heures de sommeil.
- Il réduit agitation et colère. Une fois que vous avez appris à vous laisser aller, à être serein et à le rester, vous pourrez recouvrer cet état consciemment dès que vous le voudrez.
- Vous pouvez influencer votre niveau d'éveil. Vous êtes complètement réveillé, quand c'est nécessaire, mais si vous le souhaitez, vous vous endormez rapidement et parfaitement détendu.
- Votre sommeil est en général plus profond et plus réparateur, parce que votre organisme se détend plus intensément grâce aux exercices répétés.
- Vous serez nettement plus performant en sport, au travail et pendant vos loisirs. De ce fait, vous pourrez vous débarrasser des stimuli gênants et mieux vous concentrer sur l'essentiel.
- Vous renforcez votre système immunitaire en général et stimulez vos organes internes de même que vos fonctions cardiaques et circulatoires.

Le training autogène soulage aussi efficacement de nombreuses douleurs physiques. Attention, dans ce domaine, nous vous recommandons très fortement de ne pas expérimenter seul, mais de consulter auparavant un médecin pour discuter avec lui de l'intérêt d'avoir recours à cette méthode dans votre cas particulier et pour savoir dans quelle mesure il vous conseille de suivre un cours en la matière.

Si vous vous sentez en bonne forme, vous pouvez aussi pratiquer seul, à l'aide de manuels, dans la mesure où le training autogène ne présente aucun danger pour la santé. Si de légers troubles apparaissaient, tels de petits maux de tête, nous vous conseillons de renoncer à jouer les autodidactes.

⊘ Le training autogène, c'est mieux en groupe

Pour finir, soulignons que, comme la plupart des techniques de relaxation, le training autogène s'apprend beaucoup plus facilement en groupe que seul. Un cours de base dure entre huit et dix séances. Professionnels de santé, psychothérapeutes, professeurs de yoga, experts en relaxation, etc. proposent leur enseignement en la matière. Le training autogène constitue, de la même manière que la relaxation musculaire progressive, une entrée en matière simple et compréhensible dans le monde de la relaxation consciente.

Au niveau supérieur de la formation en training autogène, le patient apprend à utiliser des « formules d'autosuggestion » qu'il se répète à lui-même en état de relaxation pour réduire ses tensions internes.

Quand il est détendu, il peut alors se suggérer les changements qu'il souhaiterait voir se réaliser et travailler de manière constructive à l'amélioration et au renforcement de son état physique, mental et psychique général.

☯ Le succès de Hannes Lindemann

Peut-être avez-vous entendu parler de Hannes Lindemann qui, à la fin des années cinquante, a traversé en solitaire l'Atlantique sur un kayak. L'homme s'était bien préparé à ce voyage aventureux en pratiquant pendant plusieurs semaines le training autogène. Durant la phase de relaxation, il s'est imprégné de formules d'autosuggestion qui l'ont ensuite aidé à survivre lors de sa traversée. Par exemple « je réussirai ! » ou « cap vers l'ouest ». Il a ancré ces suggestions profondément dans son subconscient grâce à des séances quotidiennes de training autogène :

« Croire fermement à sa réussite, raconte l'aventurier, est le premier pas vers une réussite réelle, cela vaut quelle que soit l'entreprise ». Lorsque, le soir, il s'endormait pendant son training, sa dernière pensée était : « je réussirai ». Et le matin, c'est sur cette phrase qu'il se concentrait avant de faire quoi que ce soit d'autre. Il vivait avec sa formule, s'identifiait avec, de sorte qu'elle était devenue comme une seconde nature et que chacune des cellules de son corps en était emplie. Quand

ce sentiment s'est imposé à lui et a commencé à le porter, il s'est enfin décidé à entreprendre son voyage.

Lindemann s'était préparé mentalement d'une
manière si efficace qu'à la moindre situation de crise
lors de la traversée, la suggestion adéquate ou l'image
adaptée surgissait dans son subconscient et lui don-
nait l'impulsion nécessaire pour poursuivre sa route. Il
arrivait même que la formule d'autosuggestion « cap
vers l'ouest » surgisse au travers d'hallucinations pro-
voquées par le manque de sommeil, le poussant dans
les derniers jours de son voyage, à maintenir son cap
avec une détermination exceptionnelle et ce, bien qu'il
soit très affaibli par son périple. Dans sa minuscule
embarcation, il devait gérer seul le moindre problème
et c'est le training autogène qui lui a permis de s'en
sortir.

« Imaginez un peu, témoigne-t-il, soixante-douze
jours en position assise, jour et nuit. » Il était certain
qu'il allait finir par avoir des esquarres. Il travaillait
donc régulièrement – et plus souvent en cas d'orage – à
appeler la sensation de chaleur à la surface de son fes-
sier. C'est l'un des exercices les plus faciles du training
autogène. Il a ainsi été épargné par les maux que la
position assise et l'eau de mer auraient dû causer. Mais
il y a aussi une autre raison à ce résultat : la relaxation profonde apporte une sensation de bien-être.

Lorsqu'on se relaxe réellement, on oublie ses peurs naturelles. Les besoins en sommeil diminuent, et on a plus de facilité à supporter une position assise prolongée ; on est tellement détendu que les douleurs apparaissent beaucoup moins vite.

◉ Stimuler le subconscient

En état de relaxation, le subconscient est sensible à des stimulations de natures diverses. Il n'y a pas de prescription quant à la teneur des formules d'autosuggestion. Cependant, si vous souhaitez travailler avec cette technique, veillez à ce que l'affirmation soit courte et concise, formulée de manière positive, imagée et facile à retenir. Par exemple : « je travaille bien et de manière fiable » ou « je mérite d'être riche » ou encore « je suis en bonne santé et heureux ». Ces affirmations seront d'autant plus efficaces si vous vous représentez les images correspondantes en même temps :

- Visualisez-vous en pensée à votre poste de travail : vous exécutez vos tâches avec efficacité et succès.
- Imaginez que vous vous achetez tout ce que vous souhaitez.
- Passez-vous intérieurement le film gai d'une agréable excursion en famille.

Plus ces images seront colorées, vivantes et intenses et plus le subconscient les considérera comme « vraies ».

En état de relaxation, il est en effet extrêmement sensible aux images de toutes sortes. Pour en savoir plus sur l'art de penser en images, lisez aussi le dernier chapitre de ce livre.

◑ Équilibré et résistant grâce au yoga

Le yoga est originaire d'Inde. Cette discipline se compose d'une théorie visant au perfectionnement de l'être humain et de la méthode pratique qui en découle. L'homme doit se perfectionner *via* l'harmonisation de son corps, de son esprit et de son âme. Pour y parvenir, il doit passer par plusieurs étapes : la maîtrise des désirs physiques, le respect des règles de pureté, l'apprentissage de certaines postures du corps, la maîtrise de la respiration, de l'intériorisation, de la concentration, de la méditation et de l'immersion.

Il existe aujourd'hui une multitude de théories, de méthodes et de visions des choses qui se sont en partie beaucoup éloignées du yoga primitif. Dans ce cas aussi, il est plus judicieux de suivre un cours.

En principe, le yoga peut être pratiqué par tous, peu importent l'âge et la mobilité. En cas de doute, discutez-en avec votre médecin au préalable. Cette discipline convient particulièrement bien aux personnes âgées et aux femmes enceintes dans la mesure où les exercices physiques consistent en des étirements très doux que chacun peut ajuster en fonction de son état de santé du moment et pratiquer avec plus ou moins d'intensité. Elle stimule la mobilité corporelle générale et renforce la musculature.

On peut avoir recours aux exercices dans des situations très variées, par exemple, en cas de troubles légers – tels qu'une tension artérielle un peu élevée, un mal de tête ou de dos dû à des contractions, un surmenage musculaire, des tensions internes –, de même qu'en prévention des symptômes de stress ou pour les soulager.

Ici aussi, nous vous conseillons de prendre d'abord un cours dans lequel un professeur de yoga qualifié vous expliquera avec précision les différents exercices et pourra en contrôler la bonne exécution. Les cours se déroulent en général sur de longues périodes de temps ou sont offerts en continu. Vous en trouverez dans le secteur privé, mais certaines municipalités en proposent aussi. Vous pouvez vous renseigner auprès de l'École française de yoga (3, rue Aubriot, 75004 Paris. Tél. : 01 42 78 03 05).

● Comment ça marche ?

Les exercices de yoga se composent à la base d'étirements doux qui constituent une sorte d'échauffement physique. Ils découlent les uns des autres de sorte que les muscles s'adaptent lentement à ce qui leur est demandé. Peu à peu les articulations gagnent en souplesse, les tensions externes et internes disparaissent et la mobilité du corps tout entier s'améliore visiblement.

Une séance de yoga comprend normalement trois séquences :
• Des postures de yoga ou asanas, notamment des exercices d'étirement.
• Des techniques de respiration spéciales (pranayamas).
• Des exercices de méditation.

Ces exercices, qui existent en différents niveaux de difficulté, sont combinés. L'exercice de respiration est ainsi une préparation à la méditation. Le yoga est très efficace pour soulager les troubles causés par le stress : les asanas ont un effet décontractant sur le corps tandis que les pranayamas et les méditations apaisent l'âme et l'esprit.

Une séance de yoga qui réunit ces trois éléments peut durer entre une demi-heure et deux heures. Afin de vous donner une idée de la nature des différents exercices, nous vous expliquons ci-après une sélection d'asanas, de pranayamas et d'exercices de méditation simples que nous avons tirée des ouvrages de Swami Shivapremananda, célèbre spécialiste du yoga.

Vous trouverez peut-être du plaisir à pratiquer l'un ou l'autre de ces exercices. Essayez-les, en veillant toutefois à y aller en douceur, en particulier avec les asanas. Ne forcez pas et ne maintenez les postures que tant que c'est agréable. Ce qui compte avant tout, c'est votre bien-être !

☺ Exercice : détendre sa nuque

Asseyez-vous, le dos droit, dans une position confortable et laissez vos bras pendre relâchés des deux côtés. Détendez les muscles des épaules et de la nuque. Puis en inspirant, penchez la tête en arrière.

Ramenez votre tête vers l'avant en expirant sans pour autant pencher votre corps en avant. Tirez sur votre menton afin de toucher votre cou. Vos épaules doivent rester détendues. Répétez deux à trois fois l'exercice. Puis redressez la tête en inspirant, expirez et relâchez-vous.

Au quotidien, on ne remarque pas forcément tout de suite que les muscles de sa nuque et de ses épaules sont contractés. Cet exercice permet d'en prendre plus facilement conscience : vous sentirez les tensions plus tôt et pourrez agir contre elles plus vite et plus efficacement.

En outre, cet exercice est aussi utile contre le stress. Lorsque, pendant les étirements, vous respirez en profondeur et consciemment, vous entraînez vos poumons et vous vous habituez à mieux percevoir votre respiration. Une respiration profonde et lente amoindrit les tensions et permet au corps et à l'esprit de mieux se détendre.

Pratiquez si possible les postures ainsi que les exercices de respiration suivants les yeux fermés. Il vous sera alors plus facile de vous concentrer sur vous-même.

☉ Exercice : former un tuyau avec sa langue

Relevez les bords de votre langue puis sortez-la en partie par votre bouche ouverte. Respirez lentement et profondément *via* le petit tuyau qu'elle forme. Sentez la fraîcheur de l'air. Rentrez votre langue et fermez la bouche. Respirez lentement et profondément par votre nez et détendez-vous ce faisant. Répétez six fois l'opération. Pour finir, respirez normalement pendant un moment puis reprenez l'exercice.

Cet exercice de respiration peut servir d'introduction à l'exercice de méditation ci-après, même si vous pouvez tout à fait pratiquer cette méditation seule.

☉ Exercice : méditation respiratoire

Asseyez-vous confortablement, le dos droit, et fermez les yeux. Développez en vous un sentiment de paix et de relaxation. Dites-vous que vous n'avez aucune obligation de faire quoi que ce soit. Respirez naturellement. Après quelques minutes, concentrez-vous sur votre respiration, sur la fraîcheur de l'air que vous inspirez et qui passe par votre tête et la chaleur de l'air que vous expirez par vos narines. Votre esprit doit être de plus en plus conscient de votre respiration.

Sentez en alternance la fraîcheur et la chaleur de l'air. Après quelques minutes, vous lierez à cette fraîcheur un sentiment de paix et à cette chaleur un sentiment de liberté. Appelez ces deux sentiments en pensant de temps en temps « paix » en inspirant et « liberté » en expirant. Répétez ces termes et concentrez-vous de plus en plus consciemment sur les sentiments correspondants. Interrompez l'exercice après une minute pour prêter uniquement attention à votre respiration pendant les quelques minutes suivantes. Puis recommencez à répéter les deux mots lentement et distinctement. Arrêtez-vous de nouveau et concentrez-vous pendant une minute sur votre seule respiration. Et recommencez à répéter les mots « paix » et « liberté ». Enfin, libérez vos pensées et détendez-vous pendant quelques minutes avant de vous lever.

Ce type d'exercices de méditation est idéal pour développer un équilibre entre son environnement et soi. Entraînez-vous à passer de manière de plus en plus consciente d'un état de tension à un état de relaxation. Le yoga propose pour ce faire une bonne méthode.

« Le yoga, écrit Swami Shivapremananda, vise à parvenir à un état de conscience équilibré qui ne puisse être influencé par une trop grande ambition ou des échecs. Le yoga enseigne à ne pas surévaluer ses performances, à ignorer les revers, à les considérer sous un autre angle et à regarder vers l'avenir. » La pratique de cette discipline peut vous aider à trouver la paix dans l'idée que vous faites de votre mieux.

Pour terminer ce chapitre, nous vous présentons encore l'un des exercices de yoga les plus connus, à savoir le « salut au soleil ». Les mouvements qu'il comporte étirent, stimulent et renforcent le corps tout entier, améliore la circulation sanguine et la fonction respiratoire. En même temps, le corps, l'esprit et l'âme se relâchent. Cet exercice sera d'autant plus efficace que vous le pratiquerez lentement et que vous prendrez le temps à chaque posture d'inspirer et d'expirer calmement pendant quelques secondes.

Avertissement : ne faites pas cet exercice si vous souffrez de problèmes de santé, de douleurs aiguës aux articulations ou à la colonne vertébrale, d'une sciatique, etc. Pratiquez cet exercice en respectant votre mobilité naturelle, ne forcez jamais sur un étirement qui vous est désagréable ou douloureux.

❂ Exercice : le salut au soleil

1. Tenez-vous debout bien droit, les pieds joints, les paumes des mains jointes devant votre poitrine. Inspirez.

2. En expirant, penchez-vous en avant. Placez votre pouce droit sur votre pouce gauche. Tendez les deux bras en avant et relevez-les. Et en inspirant, étirez-vous vers l'arrière. Respirez pendant sept secondes dans cette posture.

3. Étirez-vous vers le haut en inspirant, puis en expirant, courbez-vous vers l'avant. Rentrez votre tête vers vos genoux et placez vos mains sur le sol, à côté de vos pieds de sorte que l'extrémité de vos doigts et vos orteils forment une ligne. Inspirez et expirez profondément à plusieurs reprises.

4. Tout en inspirant, étendez votre jambe gauche en arrière. Vos orteils doivent être fléchis. Regardez vers le haut.

5. En inspirant, étendez vos deux jambes en arrière, les orteils toujours en flexion. Tenez votre corps droit en répartissant votre poids sur vos mains et vos orteils. Inspirez et expirez à plusieurs reprises.

6. Inspirez. En expirant, posez votre poitrine et vos genoux au sol. Vos orteils doivent rester fléchis et vos hanches se soulever. Restez dans cette posture le temps de faire plusieurs respirations.

7. Tout en inspirant, appuyez de vos deux mains sur le sol : redressez votre tête et votre poitrine tout en maintenant vos hanches au sol. Pliez vos coudes et tendez vos pointes de pieds.

8. Inspirez. Puis en expirant, prenez la posture du chien qui s'étire. Enfoncez vos talons dans le sol et levez les hanches vers le haut. Inspirez et expirez plusieurs fois.

9. Inspirez. Placez votre pied gauche entre vos mains, fléchissez les orteils du pied droit. Regardez vers le haut. Inspirez et expirez à plusieurs reprises.

10. Inspirez et tout en expirant, ramenez vos deux jambes vers l'avant. Étirez-les en courbant votre tête vers vos genoux. Posez vos mains au sol en alignant l'extrémité de vos doigts et vos orteils. Inspirez et expirez à plusieurs reprises.

11. Placez votre pouce droit sur votre pouce gauche et tendez les deux bras vers l'avant. Levez-les en ins-

pirant et étirez-vous vers l'arrière. Inspirez et expirez plusieurs fois.

12. Étirez-vous vers le haut en inspirant puis en expirant, baissez les bras. Joignez vos paumes des mains, relâchez votre corps et recommencez le salut au soleil : cette fois de la jambe droite.

Le yoga est peut-être, parmi toutes les méthodes présentées jusque-là, celle qui exige le plus de temps, d'endurance et de patience. L'énergie positive que cette discipline apporte permet toutefois de réussir sur le long terme à garder ses distances vis-à-vis d'un quotidien stressant et à se maintenir dans un équilibre sain, pour recouvrer l'harmonie du corps, de l'âme et de l'esprit.

C'est le mental qui domine chez l'homme moderne. Le corps est devenu un outil annexe, le véhicule qui fait voir du pays à notre cerveau. Une machine qui, dans le meilleur des cas, se doit de bien fonctionner. Il est indispensable de nous occuper de notre corps régulièrement, pour le garder en bon état de fonctionnement et lui permettre de servir correctement notre intellect, le plus longtemps possible.

Stimuler son imagination

Les exercices décrits ci-après visent à vous enseigner comment peindre mentalement une image. C'est à votre imagination de travailler. Plus vous réussirez à vous représenter les choses avec intensité et plus facilement vous obtiendrez les effets visés. Dans le monde hautement technologique d'aujourd'hui, une imagination vive reste un bien très précieux.

✪ Se souvenir et inventer

Il existe de nombreuses méthodes pour stimuler la capacité de représentation, dont les exercices suivants.

☺ Exercice : se concentrer sur des images

1. Fermez les yeux et imaginez un écran blanc sur lequel un grand pinceau imaginaire dessine des traces rouges (puis bleues, jaunes, etc.). Si vous vous représentez cette image simple à plusieurs reprises, elle apparaîtra progressivement avec plus de netteté et de rapidité dans votre esprit.

2. Autorisez-vous de temps en temps à rêver en plein jour : transportez-vous par la pensée dans un endroit agréable, par exemple sur une plage ou dans un jardin en fleurs, et peignez ce paysage dans ses moindres détails.

3. Observez un endroit quelconque de votre environnement avec autant de précision que possible, puis fermez les yeux et recomposez-en l'image fidèle et détaillée dans votre imagination.

☺ Pour compléter : stimuler sa mémoire selon la méthode Geisselhart

Dans notre méthode de stimulation de la mémoire, l'imagination et la pensée en images jouent un rôle déterminant. Avec leur aide, les faits dont vous voulez vous souvenir longtemps peuvent être ancrés dans votre mémoire à long terme de manière fiable. Grâce à votre imagination, vous stimulez votre capacité à vous rappeler les choses et luttez contre le stress que vous ressentez au travail lorsque votre mémoire défaille.

Pour de plus amples informations sur la stimulation de la mémoire, vous pouvez consulter des ouvrages spécialisés en la matière.

Une mémoire bien entraînée permet de :
• Graver dans sa mémoire des informations nouvelles et importantes.
• Se souvenir longtemps des noms et des visages.
• Ne rien oublier des tâches que l'on doit exécuter dans les jours à venir.
• S'exprimer dans un langage plus imagé et vivant.
• Mémoriser facilement les points importants évoqués lors de conversations, de réunions ou d'entretiens téléphoniques.
• Mémoriser chiffres, données et rendez-vous de manière fiable.
• Travailler plus sereinement, avec une meilleure concentration, et voir ses stresseurs internes diminuer de manière significative.

Vous trouverez quantité d'exemples, de conseils et d'exercices visant à améliorer votre capacité de représentation dans l'ouvrage *Entraîner sa mémoire* chez Ixelles éditions.

☯ Entraînement mental

La capacité de visualiser en pensée des images vivantes et individuelles vous aidera à mieux réussir dans les domaines les plus divers. Plus encore : la pensée est visiblement une force de réalisation et une énergie. Et elle est d'autant plus puissante qu'elle est soutenue par des représentations imaginaires intenses.

De nombreux sportifs célèbres, de haut niveau, ont recours à un entraînement mental aussi intensif que leur entraînement physique. Ils se retirent fréquemment pour se détendre au calme. Ils s'imaginent alors en compétition et visualisent en détail comment améliorer leurs performances.

Exemple : une course cycliste imaginaire

Quelques minutes avant le départ, un coureur cycliste se détend grâce à une méthode éprouvée : il se rend en pensée sur la ligne de départ, et se concentre sur l'idée de foncer dès le signal de départ. Son œil intérieur lui permet de se voir ensuite en train de pédaler étape après étape. Il prend chaque virage, grimpe chaque montée à une allure optimale, s'abritant du vent derrière les autres coureurs de son équipe, exactement comme il s'est entraîné à le faire des milliers de fois. Puis il s'échappe laissant ses concurrents derrière lui, sprinte et passe devant le dernier concurrent qui le précédait. Enfin, il se voit franchir la ligne d'arrivée. Tous les spectateurs lèvent les bras avec enthousiasme : il est le vainqueur !

Combiner entraînement mental et stimulation de l'imagination vous permettra, dans votre vie professionnelle et privée, de recharger durablement vos batteries et d'être à même de réagir activement contre le stress dès son apparition.

⊙ L'imagination active

Plus les images que vous visualisez seront belles, harmonieuses et attrayantes et plus vous en tirerez de force. Faites appel à votre capacité à visualiser intérieurement des images, en particulier en état de relaxation. Pensez à vos objectifs les plus importants et représentez-les-vous dans des images aussi colorées et vivantes que possible.

Votre imagination, cette capacité de représentation consciente, vous sera utile dans de nombreux domaines. Vous pouvez la développer et la parfaire grâce, entre autres, à notre méthode de stimulation de la mémoire par les images (méthode Geisselhart). Le concept d'imagination active, au sens défini par le psychiatre suisse C.G. Jung, n'a, pour sa part, rien à voir avec le rêve qui est vécu de manière plutôt passive : si le sujet crée ses représentations imaginaires dans un état de relaxation physique, il garde l'esprit parfaitement frais et éveillé.

⊙ Exercer son sixième sens

En développant imagination, pouvoir de représentation et pensée en images, vous stimulez en même temps votre intuition ou « sixième sens ». En particulier dans les phases de relaxation pure, durant lesquelles vous ne pensez à rien en particulier, les intuitions surgissent en force. Plus vous êtes habitué à percevoir les représentations qui surgissent spontanément dans votre esprit, plus vous êtes capable de reconnaître une intuition.

L'intuition peut apparaître de manière spontanée ou répondre à une question que vous vous posiez. C'est une sorte de savoir en images, issu de votre monde intérieur et qui doit être saisi et interprété avec prudence.

Si possible, prenez quotidiennement un peu de temps pour vous détendre. Plongez en vous-même, lorsque vous n'êtes pas dérangé, au milieu de vos beaux souvenirs ou de vos désirs. Dans ce monde intérieur, vous verrez, les situations difficiles se résolvent d'elles-mêmes, c'est détendu et l'esprit libéré que vous vous occupez de vos obligations, tout autour de vous et en vous obéit à sa propre cohérence. Vous rapporterez forcément dans votre quotidien un peu de ce calme et quelques rayons de cette lumière éclatante, sous la forme de motivation et d'inspiration.

Pour y parvenir, il vous suffit de vous concentrer calmement, d'avoir confiance dans les images qui vous viennent à l'esprit et de posséder une imagination et une capacité de représentation telles que vous puissiez accepter ces images et continuer de les développer.

Un peu de calme et de concentration – dix minutes par jour suffisent – et c'est autrement, serein et équilibré, que vous affronterez le stress du quotidien.

⊕ Apprécier l'ennui

Pouvez-vous supporter d'attendre une heure – et ce, sans rien faire de particulier, sans vous agiter ? Pour beaucoup, cela est synonyme de gaspillage de temps et de stress, et ils essaient désespérément de s'occuper. L'ennui est chassé comme un insecte nuisible.

Nous considérons généralement l'ennui d'un œil critique : en fin de compte, cet état est insatisfaisant, car nous avons le sentiment d'être sous-employés et de ne rien faire d'utile ou de productif, mais, au contraire, de nous disperser dans des tâches de routine et des détails. L'ennui est contre-productif, car tout ce que nous faisons doit avoir un sens et un objectif !

Ce dont peu de gens ont conscience, c'est que ce jugement plonge ses racines dans notre mode de vie moderne. Par rapport aux époques passées, notre vie est plus rapide et plus bruyante, ce qui a influencé nos perceptions sensorielles. Ce qui est considéré comme du bruit sur le plan physique est ressenti comme un niveau sonore normal par les jeunes. Ce qui était jadis vu comme un montage d'images rapide est aujourd'hui devenu le format standard de la télévision. Le rythme des films des décennies passées nous semble lent. Tout cela montre que seuls les stimuli puissants sont désormais en mesure de nous atteindre, car notre seuil de stimulation a été relevé. Nous ne supportons plus le calme et les moments de trêve.

Nous oublions l'importance de l'ennui pour notre bien-être et notre productivité. Nous avons besoin de ces phases pendant lesquelles il nous semble que nous ne faisons rien – ce sont des temps de pause pour notre cerveau, qui, à l'instar du sommeil, lui permettent d'assimiler les acquis, d'établir les connexions et de stimuler la créativité. De plus, cet ennui est pour nous le signal qu'il est temps de passer à quelque chose de nouveau – cet état s'est formé dans le subconscient et refait maintenant surface afin que nous remontions dans le train de la productivité.

S'il vous arrive de temps en temps de vous ennuyer, ne vous inquiétez pas : vous êtes sur la voie de la sérénité et de la créativité ! Considérez ces moments comme des pauses bienvenues antistress qui vous préparent aux nouveaux événements à venir.

En conclusion

Vous avez à présent une idée des différentes méthodes et démarches à mettre en œuvre pour lutter efficacement et de manière créative contre le stress du quotidien. L'essentiel maintenant, c'est que vous pratiquiez vraiment les exercices donnés ou au moins une partie d'entre eux. Cela ne fera pas diminuer la charge de travail qui pèse sur vous ni les exigences auxquelles vous devez répondre, mais elles vous sembleront plus supportables, dès que vous aurez compris que vous n'êtes ni désemparé ni sans défense face à elles. Il existe une solution pour chacun d'entre nous. Peut-être êtes-vous déjà parvenu à constituer un petit répertoire d'astuces qui vous aident à vous distancier des situations stressantes et à mieux les gérer. Et peut-être voyez-vous mieux aujourd'hui l'intérêt de défis qui, parce qu'ils doivent être surmontés, stimulent votre développement personnel et votre créativité.

« Vive les défis, à bas le stress ! » : ce doit être votre devise. Octroyez-vous, au bon moment, les pauses nécessaires pour le maintien de votre équilibre interne. Plus vous vous sentirez équilibré, plus vous serez efficace et performant sur le long terme. Vous ne manquerez pas, un jour, de changer complètement d'état d'esprit : vous vous sentirez de moins en moins stressé et aurez de plus en plus le sentiment que l'on vous propose des défis à la hauteur de vos capacités. Nous vous souhaitons d'y parvenir en y prenant beaucoup de plaisir !

Index

Dans la collection MiniGuides, découvrez également :

Elke Nürnberger
La Pensée positive
Plus heureux
et en meilleure santé !

A. Basu/L. Faust
La Communication non-violente
Mieux communiquer sans conflit !

Friedel John et Gabriele Peters-Kühlinger
Bien gérer la pression
Rester maître de soi
et de la situation !

Monika Radecki
Savoir dire non
Et poser des limites constructives !

Alexander Gouyer
Les Clés du management
Pour être un manager humain,
épanoui et efficace !

Agnès Le Guernic
L'Analyse transactionnelle
Pour mieux se connaître
et améliorer ses relations

Impression et façonnage réalisés en mai 2012
par La Tipografica Varese S.p.A.
pour le compte d'Ixelles Publishing SA
Imprimé en Italie